保《ほ》護《ご》ねこものがたり

大塚敦子・著

ポプラ社

はじめに

これまでわたしがいっしょにくらしてきたねこは、すべて保護《ほご》ねこです。みなさんは〝保護ねこ〟を知っていますか？

保護ねこというのは、飼《か》い主《ぬし》に手放《てばな》されたり、すてられたり、まいごになったり、あるいはもとから飼い主がいない状態《じょうたい》で、そのままでは＊殺処分《さつしょぶん》されるかもしれなかったところを動物保護団体《どうぶつほごだんたい》などに保護され、新しい家族《かぞく》を待《ま》っているねこたちのこと。どんな親から生まれたのか、保護されるまでどんなくらしをしてきたのかわからない場合が多いです。

なれてくれるまで時間がかかることもあれば、予想外《よそうがい》のことがおこることもあります。健康《けんこう》そのものに見えた子ねこたちが感染症《かんせんしょう》（うつる病気《びょうき》）で死《し》んでしまっ

はじめに

たり、ずっと元気だったのに、過去《かこ》の事故《じこ》が原因《げんいん》と思われる症状《しょうじょう》がでて、ハラハラしたりしたこともありました。

それでも、わたしはこれからもねことくらすなら、まよわず保護《ほご》ねこを選《えら》ぶでしょう。それは、一ぴきでも多くのねこのいのちを救《すく》いたいからです。そして、なんといっても、保護ねこは一ぴき一ぴきにストーリーがあり、おもしろくて、かわいくてたまらないからです。

現在《げんざい》わたしは九ひき目のねこ、タビオとくらしていますが、今も「へぇー、こんなことするんだ」「すごい！」と感心《かんしん》することがたくさんあり、あきることがありません。

わたしがこれまでいっしょにくらしてきた九ひきのねこたちのものがたり、ぜひ読んでくださいね。

＊殺処分《さつしょぶん》　おもには人間に危害《きがい》をおよぼす恐《おそ》れのある動物《どうぶつ》を殺《ころ》すことをさすが、引きとり手のいない犬やねこを殺すこともふくまれる。二〇二二年度《ねんど》の全国《ぜんこく》の犬・ねこの殺処分数《さつしょぶんすう》は約《やく》一万二千びき。

もくじ

第1章

アメリカの保護《ほご》ねこたち

初《はじ》めて保《ほ》護《ご》ねこをむかえる

わたしが初めてねことくらしたのはアメリカでした。一九九二年、夫《おっと》の転勤《てんきん》で首都《しゅと》のワシントンに引っこしたときのことです。日本をはなれたことで大幅《おおはば》に仕《し》事《ごと》がへり、わたしはすっかりひまになりました。

ワシントンでは散歩《さんぽ》したり、読書したり、毎日がのんびりとすぎていきます。でも、そんな生活は、わたしにはちょっとものたりなくもありました。なにかが足りない……。

わたしは動物《どうぶつ》が大好《だいす》きでした。子どものころは犬といっしょに育《そだ》ったので、いつかまた動物のいるくらしをしたいと思っていました。これまではいそがしくて、なかなか一歩をふみだせませんでしたが、今ならできそうな気がします。

さっそく夫《おっと》に相談《そうだん》すると、彼《かれ》も乗《の》り気です。

「犬はとっても愛情深《あいじょうぶか》いし、いっしょにいろんなところに行けるし、犬がいれば散歩《さんぽ》でたくさん歩くから、健康《けんこう》にいいよ」

「でも、犬は留守番《るすばん》が苦手《にがて》なんじゃないの？　二人《ふたり》とも仕事《しごと》で出張《しゅっちょう》が多いけど、だいじょうぶかな？」

「じゃあねこはどう？」

群《む》れでくらす習性《しゅうせい》を持《も》つ犬とちがい、ねこはもともと単独《たんどく》で行動《こうどう》する動物《どうぶつ》です。また、獲物《えもの》がくるまでじっと待《ま》つこともできるので、それほどお留守番は苦手ではないといわれています。

「よし、ねこにしよう！」

夫とわたしはすっかりねこをむかえる気になりました。

アメリカでは、犬やねこがほしい人はペットショップではなく、住《す》んでいる地《ち》域《いき》の動物保護団体《どうぶつほごだんたい》が運営《うんえい》するアニマルシェルターに行くのがふつうです。機会《きかい》があれば、譲渡会《じょうとかい》に行ったりもします。譲渡会というのは、犬やねこをむかえたい人が、新たな家を必要《ひつよう》としている動物たちに出会えるイベントのことで、おもに動物保護団体などが主催《しゅさい》します。

アメリカでは、そもそもほとんどのペットショップで犬やねこを販売《はんばい》していませんし、カリフォルニア州《しゅう》のように法律《ほうりつ》で販売そのものを禁止《きんし》している州もあります。どうしてもアメリカン・ショートヘアがいいとか、ロシアン・ブルーがいいなど、ある特定《とくてい》の品種《ひんしゅ》がほしい人は、直接《ちょくせつ》ブリーダー（繁殖家《はんしょくか》）から購入《こうにゅう》します。

わたしたちはねこについては初心者《しょしんしゃ》でしたが、むかえるなら「保護ねこ」。それがあたりまえのように思っていました。行き場のないねこたちが大量《たいりょう》に殺処分《さつしょぶん》されていることを、知識《ちしき》として持《も》っていたことと、アメリカの友人たちのねこがみんな保護ねこだった、というのが大きいと思います。

第１章　アメリカの保護ねこたち

ラッキーなことに、ワシントンにはねこ歴《れき》四十年という大ベテランの友人エレンがいました。エレンのねこたちももちろん保護《ほご》ねこです。なかには遠い外国の戦場《せんじょう》から助《たす》けだされ、アメリカに送《おく》られてきたねこもいました。

わたしたちも、まずはアニマルシェルターに行くつもりでした。それが、ある日たまたま、すぐ近所《きんじょ》のペットショップで、保護した二ひきの子ねこのもらい手をさがしているという新聞広告《しんぶんこうこく》が目にとまったのです。

アメリカには保護犬や保護ねこの譲渡会《じょうとかい》をするとき、会場を提供《ていきょう》するなどして協力《きょうりょく》するペットショップがたくさんあります。そうすれば、ペットフードやおもちゃなどのペット関連用品《かんれんようひん》もその場でいっしょに購入《こうにゅう》してもらえますから、お店にとってもメリットがあるわけです。

エレンにつきあってもらってそのペットショップに行くと、そこにいたのはふわふわの毛糸のかたまりのような子ねこの姉妹。生後二か月ちょっとだろうということでした。二ひきは初《はじ》めて見る人でもまったくこわがらず、エレンが持参《じさん》したねこじゃらしに夢中《むちゅう》で飛《と》びつき、ころころところがって遊《あそ》びます。

「はあ~、かわいすぎる……」

無心《むしん》におもちゃを追《お》いかけて走りまわる子ねこたちの愛《あい》らしさに、思わずためいきがでます。

「この子たちはとってもおおらかで、気立てがよさそうよ。姉妹をはなればなれにするのはかわいそうだから、二ひきいっしょに引きとったら?」

エレンの言葉《ことば》に背中《せなか》をおされ、わたしたちはその子ねこ姉妹をわが家にむかえることにしました。

いきなり丸がりに

さっそく二ひきに名前をつけました。白とチャコールグレーのコンビで、おっとりした子ねこは「姫《ひめ》」。白地にグレーのしま模様《もよう》で、よく動《うご》きまわる活発《かっぱつ》な子ねこは「てふてふ」（チョウという意味《いみ》）。

子ねこたちをむかえたあとは、なにはさておき、獣医《じゅうい》さんのもとへと急《いそ》ぎます。わたしたちに子ねこを譲渡《じょうと》したペットショップは一時的《いちじてき》にあずかっただけで、健康診断《けんこうしんだん》も予防注射《よぼうちゅうしゃ》もしていませんでした。なので、まずはそれらをすませる必要《ひつよう》があったのです。

子ねこたちを連《つ》れていった先は、エレンのねこたちのかかりつけ医、ベイルス先生のクリニック。グレーのあごひげをたくわえたベイルス先生は、体が大きく、とてもやさしそうな男性《だんせい》です。姫とてふてふを診察《しんさつ》した先生は、「ふむ、あごが細いこの顔つきは、シャムねこがまじっているようだね」と、にこやかに言います。

なるほど、言われてみれば、ねこ図鑑《ずかん》で見たシャムねこの顔つきに似《に》ているような気が……。シャムねこは、かつてシャム王国（現在《げんざい》のタイ）の王様《おうさま》に飼《か》われ、愛《あい》されていたという高貴《こうき》なねこです。とても人なつっこく、おしゃべりだとも言われています。

「この子たち、ものすごい美《び》ねこになるかも！」

ところが、ワクワクしたのもつかのま、二ひきともリングワームという皮《ひ》ふの病気《びょうき》にかかっていることがわかり、毛を全部《ぜんぶ》そることに……。

リングワームの原因《げんいん》は「真菌《しんきん》（カビ）」。すでに真菌に感染《かんせん》している動物《どうぶつ》や、その動物の毛やフケがついているものにふれることでうつります。いのちにかかわるようなものではないけれど、真菌に感染すると、感染した部分《ぶぶん》から毛がぬけ、フケやかゆみがでたりします。高齢者《こうれいしゃ》など免疫《めんえき》の弱い人にはうつる可能性《かのうせい》もあるので、ほうっておくわけにはいきません。

そこで、感染源《げん》になっているねこたちの毛をいったん全部そってしまい、真菌用の薬用《やくよう》シャンプーで体をあらうという治療《ちりょう》がはじまりました。また、菌《きん》を取《と》りのぞくため、毎日そうじ機《き》をかけ、消毒液《しょうどくえき》で床《ゆか》をふかなければなりませんでした。丸がりになった二ひきは、スフィンクスという毛のないねこにそっくり。スター・ウォーズのヨーダにもちょっと似《に》ています。でも、治療が効《き》いて、しばらくするとまたやわらかな毛が生え、もとのかわいい姿《すがた》にもどることができました。

おっとり姫《ひめ》と冒険《ぼうけん》てふてふ

生まれたときからずっといっしょにいる姫とてふてふは、いつも二ひきで遊《あそ》び、くっつきあって寝《ね》るなかよし。でも、しばらくすると、二ひきの個性《こせい》のちがいがわかってきました。

姫はその名前のように、おっとりして、おしとやか。てふてふも名前のとおりで、ひらひらとあちこちを舞《ま》うチョウチョのよう。いつもなにかにじゃれて遊《あそ》んでいます。

姫《ひめ》は物静《ものしず》かでしたが、てふてふはおしゃべり。よくニャオニャオと話しかけてきます。

「ごはん、まだあ？　早くちょうだいよ〜」

「このドア、開《あ》けて！」

てふてふがニャオニャオ言うときは、たいていなにかしてほしいとき。一方で、ふだんあまり鳴かない姫が鳴くときは、こまっているときが多いので、すぐにかけつけなければなりません。

たとえば、姫はなぜか部屋《へや》のなかに置《お》いた洗濯物干《せんたくものほし》のレールの上に乗《の》るのが大《だい》好《す》きでした。ところが、毎回必《かなら》ずレールから足をふみはずして洗濯物に引っかかってしまい、「助《たす》けてー」とミャオミャオ鳴くのです。で、つぎの日また同じことを

第１章　アメリカの保護ねこたち

します。どうしてそんなに物干《ものほし》レールに乗《の》りたいのか、どうして何度《なんど》ずり落《お》ちてもこりないのか、ふしぎでしたが……。

ワシントンのわが家には、小さいながらも庭《にわ》がありました。南側《みなみがわ》にあり、たっぷり陽《ひ》が当たるので、ねこたちはよく庭でひなたぼっこしたり、遊《あそ》んだりしたものです。

二年ほどで日本に帰るとわかっていたので、庭にはなにも植《う》えず、草ぼうぼうのままほったらかし。でも、それがかえってねこたちにとってはよかったようで、お気に入りの遊び場になりました。姫《ひめ》が草むらに

身《み》をかくし、しっぽの先だけがパタパタ動《うご》いているのを見ると、なにか獲物《えもの》をねらっているんだなとわかります。姫《ひめ》は庭《にわ》にいるバッタやトカゲを追《お》いかけて遊《あそ》ぶのがなにより好《す》きでした。

ところが、バッタを追いかけるだけで満足《まんぞく》していた姫とちがい、てふてふは、すきあらばへいをよじ登《のぼ》り、庭の外にでようとします。

バリバリバリッ。

音のするほうをはっと見ると、てふてふが木のへいにつめを立て、今にも乗《の》りこえそうになっています。

「てふてふ、待《ま》ちなさいっ」

間一髪《かんいっぱつ》でキャッチ。

「べつに、外にでようなんて思ってないし〜」

てふてふは気にしていないふりをして、おもむろに毛づくろい。ところが、またしばらくすると、猛然《もうぜん》とへいに向《む》かってダッシュするのです。まったく油断《ゆだん》もすきもありません。

こわいもの知らずのてふてふは、わたしがおふろに入っていると、バスタブのふちに飛《と》び乗《の》ってすべり、ドボンとお湯《ゆ》のなかに落《お》ちたこともあります（もちろんすぐ助《たす》けました）。

「ねこって、なんでこんなにおもしろいんだろう」

姫《ひめ》とてふてふがやらかすことは、なんでもおかしくて、かわいくて、わたしは毎日笑《わら》ってばかり。ねこたちが待《ま》っていると思うと、外出しても、すぐに帰りたくなってしまいます。

姫とてふてふは、わたしの車の音を聞きわけることができました。家の前の通りに車をとめて、玄関《げんかん》のドアを開《あ》けると、いつも二ひきちょこんとならんで待っています。

そして、ごはんをもらい、おなかいっぱいになったあとは、二ひきいっしょにわたしの腕《うで》のなかにもぐりこみ、ゴロゴロ言ってあまえます。

この幸《しあわ》せな時間がいつまでも続《つづ》くものと、わたしは思っていました。

ねこ白血病《はっけつびょう》ウイルス陽性《ようせい》

姫《ひめ》とてふてふがうちにきてから八か月。そろそろ一歳《さい》になるころでした。

ある日突然《とつぜん》、姫がぐったりし、ごはんも食べなくなったのです。もう金曜日《きんようび》の夜で、ベイルス先生のクリニックは閉《し》まっていたので、月曜日の朝いちばんに病《びょう》院《いん》にかけこみました。

「しばらく様子《ようす》を見たいから、今日は入院《にゅういん》させなさい」

ベイルス先生の慎重《しんちょう》な話し方に、なんとなくいやな予感《よかん》がします……。

翌日《よくじつ》、姫《ひめ》が呼吸困難《こきゅうこんなん》であやうく死《し》にそうになったという電話がかかってきました。かけつけると、ベイルス先生はわたしを落《お》ちつかせるように、おだやかな声で言います。

「姫は肺《はい》のまわりの胸腔《きょうくう》というところに水がたまっていて、それで呼吸が苦《くる》しくなったんだ。でも、その胸水《きょうすい》をぬいたから、だいぶ息《いき》をするのが楽になったはずだよ」

これまでずっと元気だったのに、いったいどうして突然《とつぜん》こんなことになったのか……。血液検査《けつえきけんさ》でその理由《りゆう》がわかりました。姫はねこ白血病《はっけつびょう》ウイルス（ＦｅＬＶ《エフイーエルヴィ》）に感染《かんせん》していたのです。胸《むね》には悪性《あくせい》の腫瘍《しゅよう》（細胞《さいぼう》のかたまり）ができていて、胸水がたまったのはそれが原因《げんいん》でした。一週間後には、てふてふも発《はっ》症《しょう》し、やはり感染していたことがわかりました。

ＦｅＬＶはねこがかかりやすい感染症《しょう》の一つで、感染しているねこのだ液《えき》や血《けつ》液《えき》からうつります。でも、二ひきはずっと家のなかだけでくらしていたので、ほかのねこからうつったとは考えられません。

「たぶん母ねこが感染《かんせん》していて、おなかのなかにいるときか、お乳《ちち》をもらうときにうつったんだろうね」とベイルス先生。

FeLV《エフイーエルヴィ》に感染しても、適切《てきせつ》な健康管理《けんこうかんり》をすれば症状《しょうじょう》がでるのをおくらせることができるし、なかには症状がでないねこもいるそうです。でも、いったん症状がでると、がんや白血病《はっけつびょう》になって死《し》んでしまうことが多いのです。

日本でもアメリカでも、保護《ほご》ねこの団体《だんたい》はどこも、ねこを保護したら必《かなら》ずFeLVの検査《けんさ》をします。ところが、わたしたちに姫《ひめ》とてふてふを譲渡《じょうと》したペットショップでは検査していませんでした。

「この子たちを引きとったとき、すぐベイルス先生に検査してもらうべきだった。なんでしなかったんだろう。もっと前にわかっていたら、発症《はっしょう》をおくらせる治療《ちりょう》ができたかもしれないのに……」

わたしは自分を責《せ》めました。けれど、どんなに後悔《こうかい》しても、失《うしな》った時間は取《と》りもどせません。今は少しでも長く、ねこたちがいい時間をすごせるよう、全力《ぜんりょく》をつくすほかありません。

最初《さいしょ》のころは薬《くすり》が効《き》いて、三週間ほどはおだやかな生活ができました。ねこたちは大好《だいす》きな庭《にわ》にでて、ひなたぼっこしたり、バッタを追《お》いかけたり。てふてふはもうへいによじ登《のぼ》ろうとはしませんが、ピンと耳を立て、鼻《はな》をふんふんさせています。風が運《はこ》んでくるさまざまなにおいをかぎ、自然《しぜん》の音に耳をすませているのがわかります。

治療《ちりょう》か、安楽死《あんらくし》か

残念《ざんねん》ながら、薬《くすり》の効果《こうか》は長続《ながつづ》きしませんでした。姫《ひめ》はまた胸水《きょうすい》がたまり、呼吸《こきゅう》困難《こんなん》になりました。呼吸があらくなり、ゼーゼー、ハーハー、必死《ひっし》に息《いき》を吸《す》おうとしています。もう薬は効《き》かないので、呼吸が苦《くる》しくなるたびに病院《びょういん》にかけこみ、胸水をぬいてもらうしかありません。まにあわなければ、息ができなくなって死《し》んでしまいます。てふてふも、おなかに腫瘍《しゅよう》ができていて、ほとんど食べ物《もの》を受《う》けつけなくなってきました。

これからの治療をどうしよう……。

ベイルス先生は、「考えられる選択肢《せんたくし》は二つある」と、重々《おもおも》しく言いました。

「一つは、専門病院《せんもんびょういん》に行って、抗《こう》がん剤《ざい》の治療を受けること。うまくいけば、そ

れで腫瘍《しゅよう》を小さくできるかもしれない」

そして、わたしの目をまっすぐに見ながら、こう言ったのです。

「もう一つの選択肢《せんたくし》は、しばらく家で様子《ようす》を見て、もし苦《くる》しい状態《じょうたい》が続《つづ》くなら、安《あん》楽死《らくし》させてやることだ」

安楽死！

この言葉《ことば》を聞いたとき、わたしは瞬時《しゅんじ》に拒否《きょひ》していました。

そんなこと、できるわけない。ありえない。

わたしの気持《きも》ちを察《さっ》したベイルス先生は、安楽死とはどのようなものなのか、ていねいに説明《せつめい》してくれました。

「飼《か》い主《ぬし》が動物《どうぶつ》をだいているあいだに、強い麻酔薬《ますいやく》のようなものを注射《ちゅうしゃ》するんだ。注射針《ばり》をさすときチクッとするだけで、ほかに痛《いた》いことはなにもない。動物はすぐ深《ふか》いねむりに入り、三十秒《びょう》から六十秒ぐらいで、呼吸《こきゅう》と心臓《しんぞう》がとまる。飼い主の腕《うで》のなかで、ねむったまま、安《やす》らかに逝《い》くんだよ」

そして、ベイルス先生はやさしく、さとすように、こう言いました。

「助《たす》からないのに、苦《くる》しいばかりだったら、生きていてもつらいだけだよ。その動物《どうぶつ》にとっての、生活の質《しつ》（クオリティ・オブ・ライフ＝QOL《キューオーエル》）を考えたら、安《あん》楽死《らくし》させてやることがいちばん思いやりのある行為《こうい》、ということもあるんだよ」

今のわたしは、ベイルス先生の言葉《ことば》の意味《いみ》がとてもよくわかります。でも、そのときはとても受《う》けいれられませんでした。安楽死を選《えら》ぶのは、やれることをすべてやりつくしてからでなければ……。

わたしたちは専門病院《せんもんびょういん》に行って、抗《こう》がん剤治療《ざいちりょう》をするほうを選びました。

ところが、それから三週間後。

姫《ひめ》はまた呼吸困難《こきゅうこんなん》になり、緊急外来《きんきゅうがいらい》にかけこみましたが、今度《こんど》はまにあいませんでした。その一週間後には、てふてふも、専門病院に入院中《にゅういんちゅう》に息《いき》を引きとりました。ねこにとって、安心《あんしん》できるわが家からはなれ、知らない人たちがおおぜいいる病院《びょういん》に連《つ》れていかれることだけでもたいへんなストレスなのに、二ひきとも、家ではなく、病院で死《し》なせてしまった……。

ねこたちをむかえてから、わずか一年足らず。ベイルス先生の忠告《ちゅうこく》を聞かなかったことをどんなに後悔《こうかい》したか……。ねこたちがもう助《たす》からないということ、死んでしまうのだということを、わたしが受《う》けいれられなかったために、二ひきを不《ふ》必要《ひつよう》に苦《くる》しめてしまったのです。

姫《ひめ》、てふてふ、ごめんね――。

胸《むね》が張《は》りさけそうになるという気持《きも》ちを、わたしはこのとき初《はじ》めて知りました。

また保護《ほご》ねこを

「姫《ひめ》とてふてふを、あなたはいっしょうけんめい看病《かんびょう》したね。それだけ愛《あい》することができるというのは、すばらしいことだよ。それをまた、ほかのねこたちにも分けてあげたらどうかな。家を必要《ひつよう》としているねこはたくさんいるんだし……」

姫とてふてふが死んだあと、ベイルス先生はこう言って、わたしをなぐさめてくれました。

そして、こうも言ったのです。

「いのちを失《うしな》った痛《いた》みをいやしてくれるのは、新しいいのちだよ」

そのときはまだ悲《かな》しみが深《ふか》すぎて、ベイルス先生の言葉《ことば》が心に入ってきませんでした。でも、二か月後、エレンが「今度《こんど》の日曜日《にちようび》、保護ねこの譲渡会《じょうとかい》に行ってみない？」とさそってくれたときは、自分でもおどろくほどすんなりその気になっていました。

「そうだ、また保護《ほご》ねこをむかえよう。そして今度《こんど》こそ、健康《けんこう》で長生きできるように世話《せわ》しよう」

わたしはエレンと譲渡会《じょうとかい》にでかけ、モモに出会いました。モモは姫《ひめ》と同じ、白とチャコールグレーのコンビのねこ。自分が産《う》んだ子ねこたちといっしょにすてられていたという、おとなのねこでした。

モモのケージのなかに手を入れたとき、モモはおでこでそっとわたしの手をおしました。そのしぐさは、姫がわたしを朝起《お》こすときのしぐさにそっくりでした。

「この子をむかえてちょうだい」

姫がそう言っているような気がしました。

こうして、モモはわが家の一員《いちいん》になりました。それからしばらくして、クリとユメがやってきます。

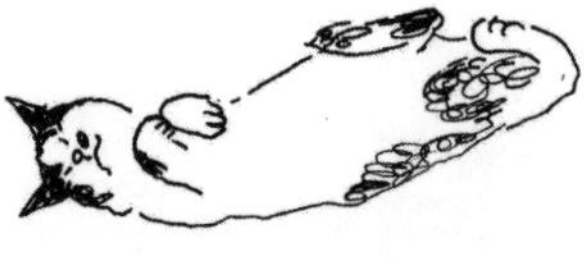

第2章

三びきのねこ、日本へ

アメリカの保護《ほご》ねこシェルター

譲渡会《じょうとかい》で出会ったモモを引きとった十日《とおか》後。わたしたちはモモの友だち候補《こうほ》のねこをさがすため、動物保護団体《どうぶつほごだんたい》のアニマルシェルターに行ってみることにしました。はたしてモモが友だちをほしがっていたのかどうか、本人に聞いたわけではないのでわかりませんが、ねこがねこらしくいるためには、やはり同じ種《しゅ》の仲間《なかま》がいたほうがいいだろうと思ったからです。

わたしたちは「ヒューメイン・ソサエティ」という、ワシントンでいちばん大きな動物保護団体のシェルターにでかけました。そこで出会ったのは、生後二か月ほどの三毛《みけ》ねこの姉妹。二ひきともまったくものおじせず、元気におもちゃにじゃれついてきます。まるで姫《ひめ》とてふてふのようです。大きくてまん丸な目、真《ま》っ

白なソックスをはいたような前脚《まえあし》に、ぷっくりしたピンク色の肉球《にくきゅう》。子ねこたちのあまりのかわいさに、わたしたちはすっかり心をうばわれてしまいました。

当初《とうしょ》はモモとなかよくなれそうな子を一ぴきだけむかえるつもりでしたが、シェルターの人はこう言います。

「この姉妹はとっても仲《なか》がいいんです。二ひきいっしょに引きとってもらえませんか？」

「モモとこの子たち、三びきもめんどう見られるかな？」

「姫《ひめ》とてふてふのことを思えば、なんでもできるよ」

ベイルス先生の言葉《ことば》も心にうかびます。

「ほかのねこたちにも、愛《あい》を分けてあげたらどうかな」

考えた末《すえ》、わたしたちは、この姉妹を引きとることにしました。

ただし、「この子に決《き》めました」といっても、その日すぐに連《つ》れて帰れるわけではありません。ヒューメイン・ソサエティからねこを譲渡《じょうと》してもらうには、さまざまな審査《しんさ》にパスしなければならないのです。

まず、わたしたちのように賃貸住宅《ちんたいじゅうたく》に住《す》んでいる場合は、保護団体《ほごだんたい》が直接大家《ちょくせつおおや》さんに電話《でんわ》をし、ねこを飼《か》っていいかどうか確認《かくにん》します。その確認が取《と》れたら、つぎはハウス・チェッカーというボランティアの検査員《けんさいん》が、家を見にきます。窓《まど》を開《あ》けたときにねこが落《お》ちないよう網戸《あみど》が取りつけてあるかどうかなど、ねこにとって安全《あんぜん》な環境《かんきょう》かどうかチェックしにくるのです。

うちを見にきたハウス・チェッカーの本業《ほんぎょう》は動物学者《どうぶつがくしゃ》。ハワイモンクアザラシという絶滅《ぜつめつ》のおそれがあるアザラシの専門家《せんもんか》でした。研究《けんきゅう》のため、一年の半分はハワイですごしているそうですが、「ワシントンにいるときは、少しでも動物たちの役《やく》に立ちたいから、こうして週末《しゅうまつ》にボランティアをしているの」と言います。

そのころはまだ「ボランティア＝時間のある人」というイメージをいだいてい

たわたしは、いそがしい研究者《けんきゅうしゃ》までが保護《ほご》ねこ団体《だんたい》のボランティアをしていることに、新鮮《しんせん》なおどろきを感《かん》じました。同時に、保護ねこ団体がこうしてさまざまな地域《ちいき》の人びとによってささえられていることに、とても感銘《かんめい》を受《う》けたのでした。

保護ねこを二度《にど》と不幸《ふこう》にしないために

わたしたちは無事《ぶじ》すべての審査《しんさ》に合格《ごうかく》。手続《てつづ》きの最後《さいご》は、「最低《さいてい》十年かそれ以上《いじょう》（当時のねこの寿命《じゅみょう》）、ねこが必要《ひつよう》とする時間、忍耐《にんたい》、費用《ひよう》をかけること」を誓《ちか》い、ねこを放《はな》し飼《が》いにしないこと、時期《じき》がきたら必《かなら》ず不妊手術《ふにんしゅじゅつ》を受《う》けさせること、病気《びょうき》やけがをしたら必要な治療《ちりょう》をし、栄養《えいよう》のある食事《しょくじ》をあたえること、問題《もんだい》のある飼《か》い方をしたら、ワシントンの動物管理局《どうぶつかんりきょく》が調査《ちょうさ》に入ること、場合によってはねこは返《かえ》すこと、などなど十二の項目《こうもく》がある同意書《どういしょ》にサインし、不妊手術《ふにんしゅじゅつ》の費用《ひよう》を前払《まえばら》いします。

同意書《どういしょ》のなかに、動物虐待《どうぶつぎゃくたい》をふせぐための条件《じょうけん》が入っているのはとても大事《だいじ》なことだと思いました。わたしたちはもちろんすべての項目《こうもく》に納得《なっとく》してサイン。晴れて、子ねこ姉妹を譲渡《じょうと》してもらえることになりました。

今は日本でも、保護《ほご》ねこ団体《だんたい》などからねこを引きとる場合、基本的《きほんてき》にはすぐ連《つ》れて帰ることはできません。一週間ほど間をあけ、保護ねこ団体の人が家までねこを連れてきてくれたあと、二週間ほどのトライアル（おためし）の期間《きかん》を経《へ》てから譲渡にいたる、というのが通常《つうじょう》の手順《てじゅん》です。

トライアルをするのは、そのねこが新しい家とそこでのくらしになじめるかどうかを見るため。すでにその家に住《す》んでいるねこや犬がいる場合、その動物たちといっしょにくらせるかどうかも大事なポイントです。

「ひとめぼれしたねこ（犬）を、いますぐうちの子にしたい」。

そう思う人にとっては、なんともじれったく、めんどうなやり方でしょう。でも、一度《いちど》すてられて悲《かな》しい思いをした動物《どうぶつ》が、また無責任《むせきにん》な飼《か》い主《ぬし》に引きとられてつらい思いをすることがないように、ほんとうにその人に託《たく》してもだいじょうぶかどうか見きわめるために、時間をかける。このようなやり方に、わたしは心から共感《きょうかん》します。

わたしたちがヒューメイン・ソサエティからむかえた子ねこ姉妹には、クリとユメと名づけました。活発《かっぱつ》なほうがクリ、ややおとなしめで、あまえんぼうのほうはユメです。今回はみんなねこ白血病《はっけつびょう》ウイルス（ＦｅＬＶ《エフイーエルヴィ》）陰性《いんせい》。ほっと胸《むね》をなでおろします。

モモのお友だちになってほしくてクリとユメをむかえたものの、当のモモは、せっかく家を丸ごとひとりじめできると思っていたのに、にぎやかな子ねこたちがやってきて、ちょっと迷惑《めいわく》だったようです。ねこパンチこそしないものの「まだ子ねこだから、まあがまんしてあげるけど、わたしのお気に入りのいすはわたさないわよ」という冷《ひ》ややかな態度《たいど》。さいわい、しばらくするといっしょに追《お》いかけっこをして遊《あそ》ぶようになり、ほっとしましたが。

帰国

じつはわたしたちは、数か月後に日本に帰国することになっていました。ねこ三びきを連《つ》れ、飛行機《ひこうき》に乗《の》って帰るという大仕事《おおしごと》が待《ま》っています。ワシントンから東京までは、十三時間のロングフライトです。気温《きおん》や気圧《きあつ》の変化《へんか》、飛行機のエンジンや風の音、なれないにおいや振動《しんどう》など、飛行機の旅《たび》はねこたちにとってはたいへんなストレスだらけ。無事《ぶじ》に到着《とうちゃく》できるのだろうか……。心配《しんぱい》はつきませんが、万全《ばんぜん》の準備《じゅんび》をするほかありません。

わたしたちは航空会社認定《こうくうがいしゃにんてい》のじょうぶなクレートを二つ買い、必要《ひつよう》なワクチン接種《せっしゅ》をすませ、アメリカ政府発行《せいふはっこう》の健康証明書《けんこうしょうめいしょ》や狂犬病《きょうけんびょう》の予防注射《よぼうちゅうしゃ》接種証明書などの書類《しょるい》も取得《しゅとく》。さいわい当時の日本では、今ほどねこの検疫《けんえき》がきびしくなかったため、書類に不備《ふび》がなければ、日本到着後《とうちゃくご》、そのままいっしょに帰れることになっていました。

いよいよ飛行機《ひこうき》に乗《の》る、という当日。

わたしたちが予約《よやく》した航空会社の国際線《こくさいせん》では、小さなねこ一ぴきなら、キャリーバッグに入れて座席《ざせき》の足もとに置《お》くことも可能《かのう》だったのですが、なにしろ三びきなので、貨物室《かもつしつ》にあずけるしかあり

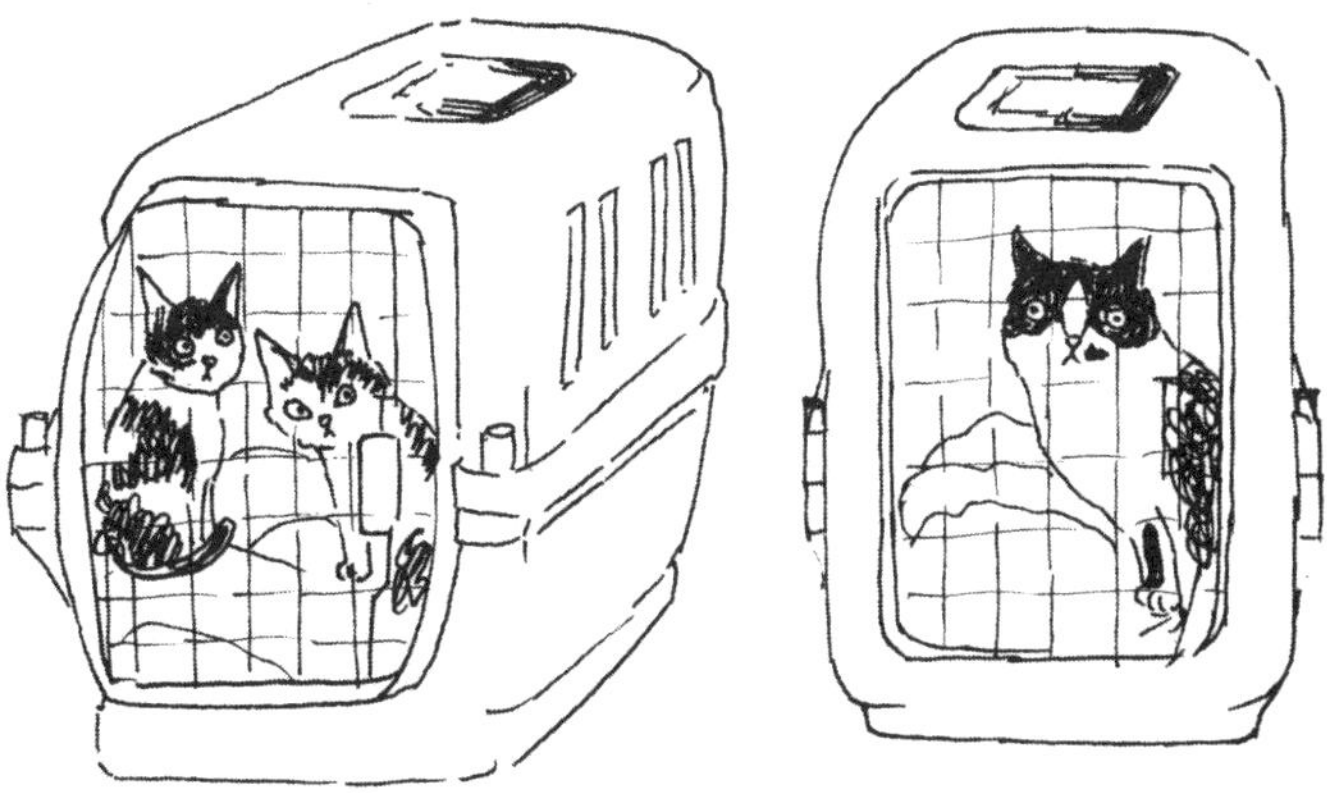

ません（当時）。フライトの間、温度《おんど》や湿度《しつど》は調節《ちょうせつ》されているとはいうものの、貨《か》物室内《もつしつない》は完全《かんぜん》な真《ま》っ暗《くら》やみになります。もちろんそこに人間はいません。

ねこたちになにかあってもわからないし、こわい思いをしているときにそばについていてやれない……。考えただけで、心配《しんぱい》がつのってきます。

不安《ふあん》な思いで、ねこたちが貨物室に運《はこ》ばれるのを待《ま》っていると、航空会社《こうくうがいしゃ》の地《ち》上係員《じょうかかりいん》が近づいてきて、やさしく声をかけてくれました。

「大切な家族《かぞく》を貨物室にあずけるのは、さぞご心配でしょうね。さきほど機長《きちょう》に、ねこが三びき搭乗《とうじょう》するので、くれぐれも空調《くうちょう》に気をくばってください、と念《ねん》をおしておきましたよ。ねこちゃんたちが安全《あんぜん》に旅行《りょこう》できるよう、わたしたちも全力《ぜんりょく》をつくしますから」

なんて思いやりにあふれた言葉《ことば》でしょう。うちのねこたちを「貨物」ではなく、「家族《かぞく》」としてあつかってくれている。その人のあたたかい言葉《ことば》を聞いて、少し気持《きも》ちが楽になりました。

東京までのフライトはとても長く感《かん》じました。成田空港《なりたくうこう》の手荷物受取所《てにもつうけとりじょ》で待《ま》つ間も、ちゃんと無事《ぶじ》にでてくるのだろうかと、ハラハラ、ドキドキ。スーツケースなどと同じように、ベルトコンベヤーの上にのせられてくるのかと思っていましたが、そんなことはなく、係《かかり》の人たちがクレートを一つずつ手で持《も》って運《はこ》んできてくれました。

「あ〜、無事でよかった〜！」

つかれてはいるけれど、とりあえず元気そうな三びきの顔を見たときは、どんなにほっとしたか。

「モモ、クリ、ユメ、日本にようこそ！」

これから、二人《ふたり》と三びきの新しいくらしがはじまる——。飛行機《ひこうき》で帰るという大仕事《おおしごと》が終《お》わり、日本での生活への期待《きたい》がふくらんできました。

柴内《しばない》裕子《ひろこ》先生との出会い

帰国してしばらくすると、クリとユメが発情期《はつじょうき》をむかえ、あちこちに少量《しょうりょう》のおしっこをしてにおいづけをする「マーキング」をはじめました。マーキングをするのにはいろんな理由《りゆう》がありますが、クリとユメの場合は、「わたしたち、ここにいるわよ~」と、オスねこに知らせるため。なので、においは強烈《きょうれつ》です。

発情しているのに交尾《こうび》できないのは、ねこにとってはつらいことです。かといって、交尾して子ねこがたくさん生まれたとき、その子たちを引きうけられるのかというと、それはとてもむずかしい。時期《じき》がきたら不妊手術《ふにんしゅじゅつ》を受《う》けさせることは、ヒューメイン・ソサエティから譲渡《じょうと》してもらうときの約束《やくそく》でもありましたから、すぐにも実行《じっこう》しなければなりません。

ところが、近所《きんじょ》の動物病院《どうぶつびょういん》に連《つ》れていくと、こう言われたのです。

「この子たちは体重《たいじゅう》が軽《かる》すぎて、うちでは安全《あんぜん》に麻酔《ますい》をかけることができません。できる病院を紹介《しょうかい》しますから、そちらに行ってください」

そこで、さっそく紹介してもらった動物病院に二ひきを連れていきました。

「まあ、アメリカからきたねこさんたちですね。小さくてもだいじょうぶですよ」

にこやかにそう言って、わたしたちを安心《あんしん》させてくれたのは、赤坂《あかさか》動物病院の柴内裕子《しばないひろこ》院長《いんちょう》（現在《げんざい》は名誉《めいよ》院長）。じつは柴内先生は、日本で最初《さいしょ》の女性《じょせい》の獣医《じゅうい》さんです。また、日本で初《はじ》めて高齢者《こうれいしゃ》施設《しせつ》や病院などに動物を連れて訪問《ほうもん》する＊CAPP《シーエーピーピー》という活動《かつどう》を立ちあげた人でもありました。

このときの柴内先生との出会いがきっかけとなって、わたしは三十年近くにわたってCAPP活動を取材《しゅざい》させてもらい、柴内先生との共著《きょうちょ》もふくめ、たくさんの本を出すことになります。わたしにとって、その後の仕事《しごと》の方向性《ほうこうせい》が決《き》まるほ

＊CAPP　コンパニオン・アニマル・パートナーシップ・プログラム。公益社団法人《こうえきしゃだんほうじん》日本動物病院協会《にほんどうぶつびょういんきょうかい》（JAHA《ジャハ》）がおこなっているボランティア活動。

どの重要《じゅうよう》な出会いだったのです。

一方、クリとユメの不妊手術《ふにんしゅじゅつ》も無事終了《ぶじしゅうりょう》。おかげで二ひきのマーキング行動《こうどう》はすっかりおさまり、いつもの生活にもどることができました。

あまえんぼうのユメ

わたしたちが住《す》んでいたマンションの部屋《へや》には、ねこたちが直線《ちょくせん》で走れる長めのろうかがありました。三びきは毎日そこを全力疾走《ぜんりょくしっそう》し、追《お》いかけっこをして遊《あそ》びます。また、ねこは垂直運動《すいちょくうんどう》が好《す》きなので、キャットタワーも取《と》りつけたところ、いちばん上のスペースはユメのお気に入りの場所《ばしょ》となりました。三びきのなかでいちばん体が小さかったユメは、みんなよりも高いところにいることで落《お》ちつけたのでしょう。

ユメはたいへんな美《び》ねこでした。きらきらした大きなひとみと小さな口もとは、アニメの美少女キャラのようです。おまけに、超《ちょう》がつくほどのあまえんぼうでもありました。とにかくユメはだっこが大好《だいす》きなのです。一般的《いっぱんてき》に、ねこはだっこがあまり好きではないといわれています。人間の腕《うで》のなかでは自由《じゆう》に身動《みうご》きできなくて居心地《いごこち》が悪《わる》いのでしょう、ほとんどのねこは、しばらくすると、身《み》をよじってぬけだそうとします。

ところが、ユメは、わたしが立って家事《かじ》をしていると、「だっこして」と足をよじ登《のぼ》ろうとするのです。

「はいはい、ユメちゃんはあまえんぼさんですね～」とだっこしていると、そのうち腕がつかれてきます。でも、「もうそろそろいい？」とおろそうとすると、腕にしがみついて抵抗《ていこう》するのです。それでもおろすと、「もっとだっこ～」と、また足に登ろうとするユメ。これでは家事ができません。

「ユメを満足《まんぞく》させつつ、家事《かじ》もするよい方法《ほうほう》はないものか」

わたしはいろいろ頭をひねり、日本伝統《でんとう》の「おんぶひも」を試《ため》してみることにしました。最近《さいきん》はあまり見かけませんが、おんぶひもというのは、人間の赤ちゃんをおんぶするときに使《つか》う幅広《はばひろ》のひもです。ところが、それでユメをおんぶしてみたところ、いやがってニャオニャオ抗議《こうぎ》します。背中《せなか》ではなく、胸《むね》にだっこするのでないとだめらしいのです。

今なら小型犬《こがたけん》などをだっこしながら運《はこ》べるドッグスリング（肩《かた》から胸にかける布《ぬの》のバッグ）というすぐれものがあり、それならユメも満足してくれたのではないかと思いますが、当時そういうものはありませんでした。結局《けっきょく》、ユメをだっこしたり、おろしたりを続《つづ》けることになり、おかげで、わたしはかなり腕力《わんりょく》がついたような気がします。

クリのほうは、ユメのようにしょっちゅうだっこをせがむことはありませんでしたが、やはりあまえんぼうで、どこにでもついてきました。わたしが視界《しかい》から消《き》え、ドアを閉《し》めてしまうのがいやだったらしく、トイレに行くと、必《かなら》ず「開《あ》けて～」とドアをガリガリ引っかきます。わたしがおふろに入るときは、バスタブのふたの上に陣取《じんど》るので、クリにお湯《ゆ》がかからないように気をつけなければなりません。あまりにいつもわたしのあとをついてくるので、「クリはほんとにねこ？じつは犬なんじゃない？」と、よくクリに話しかけたものです。生後二か月のときから人の手で育《そだ》てられてきたクリとユメは、わたしたち人間のことを親のように思っていたのかもしれません。

二ひきにくらべると、モモはめったにあまえない子でした。モモがわたしのひざに乗《の》ったのは、後にも先にも一度《いちど》だけ。ある朝、地震《じしん》でかなり強くゆれたときだけでした。

クリとユメの姉妹がいつもだんごのようにくっつきあっていたのに対《たい》し、モモは微妙《びみょう》に二ひきから距離《きょり》をおいていました。でも、けっしてクリたちと仲《なか》が悪《わる》かったわけではありません。お気に入りのねこベッドでは三びきいっしょに寝《ね》ていましたし、みんなで追《お》いかけっこしたり、ねこどうしの遊《あそ》びにはいつも積極的《せっきょくてき》に参《さん》加《か》していました。

モモは自分からなにかを要求《ようきゅう》することはあまりなく、ニャーニャー鳴くのはごはんがほしいときだけ。なでてほしいときは、そっとそばにきて、おでこでわたしの手をおす、あのやさしいしぐさをします。ふだんはクールなモモがそういうひかえめな愛情表現《あいじょうひょうげん》をするときは、思わず胸《むね》がきゅんとなりました。

かがやくような白い毛なみに、墨《すみ》のようなグレーをまとったモモは、とても美《うつく》しいねこでした。クリやユメよりひとまわり体が大きく、堂々《どうどう》とした体格《たいかく》だったこともあり、モモにはなんだか女王様《じょおうさま》のような風格《ふうかく》がただよっていました。そんなモモがゆうゆうと毛づくろいをする姿《すがた》に、わたしはいつもほれぼれとさせられ

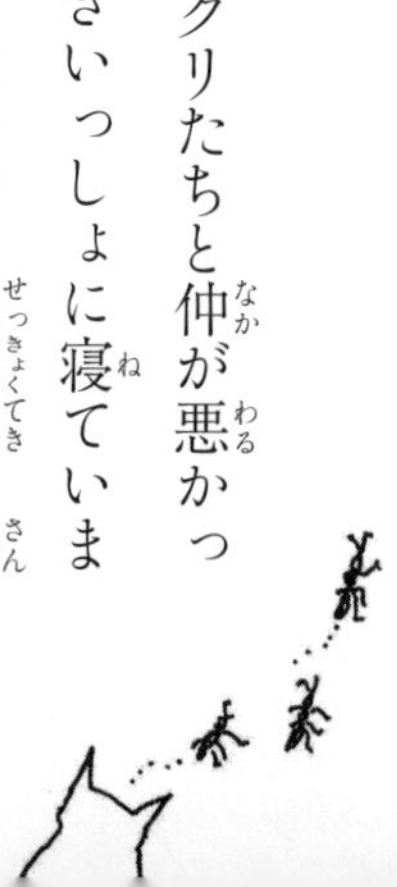

たものです。

頭のいいおてんば娘《むすめ》クリ

三びきそれぞれに個性《こせい》豊《ゆた》かなねこたちでしたが、なかでもとくにおもしろかったのはクリです。活発《かっぱつ》でおてんばなだけではなく、とても頭のいい子でした。自分の要求《ようきゅう》をとおすにはどうすればいいか（つまり、人間を自分の思いどおりにあやつるにはどうすればいいか）、よくわかっていました。

たとえば――。

朝起《お》こされずにすむように、ねこたちをリビングに入れ、ドアを閉《し》めて寝《ね》たところ、明け方、「ガシャガシャ～」と大きな音がします。起きていくと、なんとクリが窓《まど》のブラインドの羽《はね》の間に体を入れ、動《うご》きまわって音をだしていたのです。

「ああ〜、クリ〜、なんてことしてくれたの〜」

ブラインドの羽《はね》が無惨《むざん》にあちこち折《お》れ曲《ま》がっています。まだ新しいのに……。

人見知りせず、好奇心《こうきしん》いっぱいだったクリは、わが家の「接待係《せったいがかり》」でもありました。お客《きゃく》さんがくると、真《ま》っ先に玄関《げんかん》に行き、しっぽをピンと立ててでむかえます。打《う》ち合わせの最中《さいちゅう》も、お客さんの足にスリスリしたり、テーブルのまんなかでごろんとあおむけになったり。その愛《あい》らしい姿《すがた》に、みんなメロメロになり、何《なん》度《ど》も打ち合わせが中断《ちゅうだん》したものです。

クリはねこにはめずらしく、わたしの目をじっと見つめる子でした。ふつうねこは、人とまっすぐ目を合わせるのが好《す》きではありません。ねこにとって、相手《あいて》をじっと見つめるのは威嚇《いかく》のサイン。けんかにつながりかねない敵意《てきい》のある行動《こうどう》だからです。

人と犬の間では、おたがいに見つめあうことできずながつくられることが、いろんな研究《けんきゅう》でわかっています。もしかしたら、ねこでもそうなのかも……？　いつかそんな研究がでてきてほしいものです。

さすがに外にはいっしょに行けませんでしたが、クリは家のなかでは、わたしが行くところにはどこでもついてきて、いつも手のとどくところにいてくれました。わたしが落《お》ちこんでいると、そっとそばにきて、あたたかい体をよせてくる――。わたしにとって、クリはまさに「相棒《あいぼう》」でした。

別《わか》れ

そんなクリとの別れは、二〇〇四年の春のことでした。

このころわたしは長期《ちょうき》の海外出張《かいがいしゅっちょう》が続《つづ》き、夫《おっと》も地方《ちほう》に転勤中《てんきんちゅう》。そういう事情《じじょう》で実家《じっか》の両親《りょうしん》にクリたちをあずかってもらっていたのですが、ある日突然《とつぜん》クリの食《しょく》欲《よく》がなくなり、元気がなくなったというのです。なかなか原因《げんいん》がわからず、わたしは柴内《しばない》先生のいる赤坂動物病院《あかさかどうぶつびょういん》にクリを連《つ》れていくことにしました。

さまざまな検査《けんさ》をした結果《けっか》、クリは悪性《あくせい》リンパ腫《しゅ》というがんの一種《いっしゅ》になっていることがわかりました。そして、もう治《なお》すのはむずかしく、いのちを延《の》ばすための治療《ちりょう》しかできないということも……。

入院《にゅういん》を続《つづ》け、体に負担《ふたん》はかかるけれど、延命《えんめい》の効果《こうか》があるかもしれない治療をするか。それとも、痛《いた》みをやわらげながら、家ですごすか。

姫《ひめ》とてふてふの最期《さいご》がよみがえってきました。

もう同じあやまちはくりかえさない。自分のためではなく、クリのためにベストの選択《せんたく》をしよう……。

「家に連《つ》れて帰ります」

そう声にだしたとたん、まよいがふっきれました。

柴内晶子《しばないあきこ》先生（柴内裕子《ひろこ》先生の娘《むすめ》さんで、現在《げんざい》の院長《いんちょう》）は、わたしの思いを尊《そん》重《ちょう》し、クリが少しでも家で楽にすごせるように準備《じゅんび》を整《ととの》えてくれました。

病院《びょういん》が手配《てはい》してくれたペットタクシーに乗《の》るため、クリの入ったねこベッドを両腕《りょううで》でかかえ、病院の階段《かいだん》をおりていったときのことは、いまでもよく覚《おぼ》えています。クリがまっすぐわたしの目を見て、かすかな声で「ニャア」と鳴いたのです。わたしはクリに顔をよせ、「これからおうちに帰るからね」とささやきました。

ペットタクシーに乗りこんだ瞬間《しゅんかん》、クリはわたしの腕《うで》のなかで息《いき》を引きとりました。家には帰れませんでしたが、今度《こんど》は「まにあった」のです。

クリ、十歳《さい》。またしても早すぎる別《わか》れでしたが、最期《さいご》を看《み》とれてよかった。姫《ひめ》とてふてふを亡《な》くしたときのような痛《いた》みは、このときはありませんでした。

第3章

年《とし》老《お》いたねこ、カリン

譲《じょう》渡《と》会《かい》での出会い

カリンは、わたしたちが初《はじ》めて日本でむかえたねこです。クリとモモが旅立《たびだ》ち、ユメは両親《りょうしん》が「うちの子にする」と宣言《せんげん》。しばらくねこのいない生活をしていましたが、二〇〇九年、また保護《ほご》ねこをむかえようということになりました。

日本で保護ねこと直接《ちょくせつ》出会える場はどこかというと、おもにつぎの四つが考えられます。

1 譲渡会

2 保護ねこシェルター

3 自治体《じちたい》の動物愛護《どうぶつあいご》センター

4 保護ねこカフェ

わたしたちは、まずは地域《ちいき》の保護《ほご》ねこ団体《だんたい》が主催《しゅさい》する譲渡会《じょうとかい》に行ってみることにしました。会場はオーナーがねこ好《ず》きだというあるカフェの玄関《げんかん》前。その日は十五ひきのねこたちが参加《さんか》していました。何段《なんだん》にも積《つ》みあげられたケージのなかには、子ねこからおとなのねこまで、さまざまな年齢《ねんれい》や大きさ、毛柄《けがら》の子たちがいましたが、どのねこもみんなかわいくて、目うつりします。

と、ケージの列《れつ》のうしろから、「アオーン」と、ひときわ大きな声が。

「あれ、うしろにもだれかいるのかな？」

裏《うら》にまわると、そこにも一つケージがあり、なかには白と黒のはちわれのやせたねこがいます。それがカリンでした。

こんな小さな体のどこからでるのかと思うほど大きな声で鳴いていて、まるで「わたしをもらって！」と、必死《ひっし》にさけんでいるように聞こえました。

高齢者《こうれいしゃ》とねこ

ケージの横《よこ》に立っていたボランティアの女性《じょせい》が、こう話しかけてきました。

「この子は一か月前、やせ細ってよれよれの姿《すがた》で、ある事務所《じむしょ》の窓《まど》をいっしょうけんめい引っかいていたところを助《たす》けられたんですよ」

そばにはカリンを保護《ほご》したという事務所の人もいて、こんな話をしてくれました。

「わたし、近所《きんじょ》でこのねこを見かけたことがあって、だいたいどこのおうちの子か見当《けんとう》がついたんです。たぶんわたしたちの事務所の近くに住《す》んでいた老夫婦《ろうふうふ》のねこだと思うんですが、そのご夫婦は一人《ひとり》が亡《な》くなり、もう一人は老人《ろうじん》ホームに入られたそうなんですよね……」

第３章　年老いたねこ、カリン

そうか、この子はこれまで人といっしょにくらし、かわいがられてきたねこなんだ。それなのに、飼《か》い主《ぬし》がいなくなったとたん、ホームレスになってしまった……。ある日突然《とつぜん》、それまでの生活が断《た》ち切られ、どんなにとまどっただろうと思うと、胸《むね》が痛《いた》くなりました。

じつは、高齢《こうれい》の飼い主が亡《な》くなったり、高齢者施設《こうれいしゃしせつ》に入ったりして、それまでいっしょにくらしてきた犬やねこが置《お》きざりにされてしまうことは、何年も前から大きな問題《もんだい》になっています。不妊《ふにん》や去勢《きょせい》の手術《しゅじゅつ》をしないままねこを飼い続《つづ》け、自分の手には負《お》えないほどふえてしまって、ねこたちが世話《せわ》をしてもらえなくなる「多頭飼育崩壊《たとうしいくほうかい》」もおきています。

どちらも、背景《はいけい》にあるのは、こまっている人たちが、だれにもたよれず「孤立《こりつ》」しているということです。人とのつながりがうすく、助《たす》けてくれる人がいない。あるいは、自分から「助けて」と言えず、周囲《しゅうい》に気づかれないまま、どんどん追《お》いこまれていく。そんななかで、飼《か》い主《ぬし》になにかあったとき、いちばんつらい目にあうのは、その人とくらしていた動物《どうぶつ》なのです。

ボランティアさんが言うには、カリンはかなり高齢《こうれい》のうえ、うしろ脚《あし》も不自由《ふじゆう》だそうです。引きとり手はなかなか見つかりそうにありません。かわいそうだな……、でも、この子といっしょにくらせる時間はあまり長くないだろうしなあ……。

心を動《うご》かされつつも、まよっていると、突然夫《とつぜんおっと》が言いました。

「よし、この子にしよう！」

「えっ！」

「だって、ほかにこの子をもらう人はいなそうだから」

その一言《ひとこと》で、わたしも決断《けつだん》。カリンはわが家でトライアルに入ることになりました。ボランティアのK《ケイ》さんも、保護《ほご》した人も、「こんなことってあるのね～、ダメもとで譲渡会《じょうとかい》にだしてよかったですね～」と大喜《おおよろこ》びしました。

信頼関係《しんらいかんけい》を結《むす》ぶまで

ねこは自分のにおいがついたものにかこまれていたほうが安心《あんしん》できるので、ボランティアのKさん《ケイ》はカリンがそれまでくらしていたケージごと、家に運《はこ》んでくれました。そして、大型犬《おおがたけん》が入れそうなほど大きなそのケージに、カリンが落《お》ちつけるようすっぽりと布《ぬの》をかけます。まずはその状態《じょうたい》で、一週間のトライアルに入りました。

ごはんとお水をあげ、トイレをそうじし、ときどき「カリンちゃんはかわいいね〜、いい子だね〜」と声をかける以外《いがい》、わたしたちはひたすら待《ま》ち続《つづ》けます。ところが、一週間たっても、カリンはいっこうにケージからでてこようとしません。

「まだ全然《ぜんぜん》でてくる気配《けはい》がないんですけど、もう少しトライアルを続《つづ》けてもいいですか？」

様子《ようす》を見にきたK《ケイ》さんにそう聞くと、彼女《かのじょ》はうなずきながら、言いました。

「この子は年をとっているから、新しい環境《かんきょう》になじむまで、かなり時間がかかると思います。トライアルは何週間かかってもいいので、気長に待《ま》っていただけるとありがたいです」

もちろん、待つのはなんでもありません。いつケージからでてくるかはカリン次第《しだい》。本人のペースにまかせることにします。

そして、三週間ほどたったある日のこと。

ついにカリンが、ケージの外に、おそるおそる前脚《まえあし》をふみだしました！　そろそろとでてきたカリンは、身《み》を低《ひく》くして慎重《しんちょう》にあたりを見まわし、ふんふんにおいをかぎはじめます。そして、リビングから台所《だいどころ》、台所から寝室《しんしつ》へと、家じゅうの探検《たんけん》をはじめたのです。

探検《たんけん》のとちゅうでは、わたしの足にもスリスリして、自分のにおいをこすりつけました。ねこがこんなふうににおいづけをするのは、「これはわたしのものよ」という意味《いみ》。カリンがわたしを家族《かぞく》としてみとめてくれた気がして、とてもうれしくなりました。トライアル成功《せいこう》です！

カリンのうしろ姿《すがた》

こうして、晴れてわが家の一員《いちいん》となったカリン。最初《さいしょ》のほうこそなれるまでに時間がかかりましたが、いったん心を開《ひら》くと、カリンはとてもあまえんぼうのねこでした。しょっちゅうわたしたちのひざの上に乗《の》ってゴロゴロのどを鳴らし、夜《よる》はいっしょにベッドに入って、腕《うで》まくらでねむるのです。小柄《こがら》なカリンがすっぽり腕のなかにおさまり、頭をわたしにもたせかけてくれると、なんともいえず幸《しあわ》せな気持《きも》ちになります。

わたしが仕事《しごと》をしているときは、仕事机《づくえ》の上がカリンのお気に入りの定位置《ていいち》になりました。クリのようにトイレにまでついてくるわけではありませんでしたが、いつもそばにいてくれました。

ひとつ気になったのは、カリンはなぜか顔を近づけられるのが大きらいだったことです。ねこのおでこのあたりというのはモフモフでとてもかわいく、思わずキスしたくなります。ところが、あるとき、カリンのおでこにキスしようと顔を近づけると、「シャーッ」とこれまで聞いたことがない声で威嚇《いかく》し、猛烈《もうれつ》にねこパンチをしてきたのです。よほどこわかったのでしょう。

「カリンちゃん、ごめん、こわがらせちゃったね～」

思いがけないカリンの反応《はんのう》にびっくりしましたが、同時に、カリンの過去《かこ》のことを考えずにはいられませんでした。これほど顔を近づけられるのをいやがるの

は、なにかとてもこわい思いをしたことがあるからかもしれません。なにがあったのかを知るすべはありませんが、カリンがもうなににもおびえず、安心《あんしん》してくらせるようにしたいとあらためて思いました。

このころ、わたしたちが住《す》んでいたのは一戸建《いっこだ》ての家でした。以前《いぜん》住んでいたマンションにあったようなろうかはありませんが、階段《かいだん》という別《べつ》の運動場《うんどうじょう》があります。健康《けんこう》なねこなら、一階《かい》から二階まで一気にかけあがるのはちょうどいい運動になったでしょう。

でも、うしろ脚《あし》が不自由《ふじゆう》なカリンは、かけあがることができません。トコ、トコ、と一歩ずつ、いっしょうけんめい階段をのぼっていきます。

そのけなげでいじらしいうしろ姿《すがた》を見るたびに、胸《むね》がきゅんとなり、涙《なみだ》がでそうになったものです。小さな生きものがけんめいに生きる姿がこれほど胸を打《う》つものなのかと、このとき初《はじ》めて実感《じっかん》しました。

やがて、カリンがうちにきたころはボサボサだった毛はふわふわに、やせ細っていた体はだんだん丸くなっていきました。よごれて茶色くなっていた足の裏《うら》の肉球《にくきゅう》も、ふっくらとピンク色になりました。

ところが、カリンはいくつもの持病《じびょう》もかかえていたのです。慢性《まんせい》腎臓病《じんぞうびょう》に慢性膀胱炎《ぼうこうえん》、慢性鼻炎《びえん》。慢性腎臓病は高齢《こうれい》になると多くのねこがかかる病気《びょうき》ですが、慢性膀胱炎と慢性鼻炎は、ホームレスになり、寒《さむ》いなか、外でくらすようになってこじらせたのかもしれません。

「この子の歯《は》の状態《じょうたい》からすると、十歳《さい》はこえていますね。もしかすると、十五歳ぐらいかもしれない」と、カリンを診察《しんさつ》したかかりつけの高石動物病院《たかいしどうぶつびょういん》の先生は言います。カリンはわたしたちが思っていたより、もっと年をとっているのかもしれません。とにかく、すぐに治療《ちりょう》をはじめます。さいわい、カリンに薬《くすり》をあたえるのはとても簡単《かんたん》でした。好物《こうぶつ》のささみのおやつのなかに薬をしこむと、そのまま気づかずパクパク食べてくれるのです（鼻炎《びえん》のせいで、あまり鼻《はな》がきかなかったからかもしれませんが）。

カリンは慢性膀胱炎《まんせいぼうこうえん》のため、排泄《はいせつ》のコントロールがうまくできず、ねこトイレ以外《いがい》のところでおもらししてしまうこともよくありました。でもこれは、ソファやラグなど、おもらしされたらこまる場所《ばしょ》に透明《とうめい》のビニールシートをかけることで、問題解決《もんだいかいけつ》。なんとかなるものです。

食べなくなることの意味《いみ》

その年の夏は、人もねこもぐったりする猛暑《もうしょ》でした。九月、もともと悪《わる》かったカリンの腎臓《じんぞう》はさらに悪くなり、いよいよ点滴《てんてき》をはじめることに――。

最初《さいしょ》のうちは週に二回、高石動物病院《たかいしどうぶつびょういん》に連《つ》れていき、獣医《じゅうい》さんに点滴をしてもらっていましたが、しょっちゅう病院に行くのはカリンにとってストレスになるので、わたしたちは点滴のやり方を教えてもらい、自分たちでやってみることにしました。

場所《ばしょ》はおふろ場。物干《ものほし》ポールに輸液《ゆえき》の入ったバッグを引っかけ、おふろのふたにタオルをしいて、その上にカリンを乗《の》せます。そして、背中《せなか》の皮膚《ひふ》を引っぱり、その下に針《はり》をさして、輸液を入れます。人間とちがい、ねこの皮膚は引っぱると

かなりのびるので、こういうことができるのです。

最初《さいしょ》のうち、カリンはなかなかじっとしてくれず、とちゅうで針《はり》がぬけてしまったりして、もたつきました。でも、やがてわたしたちもカリンもなれ、手際《てぎわ》よくできるようになりました。

点滴《てんてき》はたしかに効果《こうか》がありました。点滴をしたあとは少し元気がでて、食欲《しょくよく》がもどってきます。具合《ぐあい》が悪《わる》くなってからはあまりしなくなっていた毛づくろいもていねいにし、体をきれいにします。

なによりうれしかったのは、カリンが自分からわたしのひざに乗《の》り、ゴロゴロ言ってあまえてくれたことです。気分が悪いときは寝室《しんしつ》のベッドの上で、人からはなれてすごすことが多かったので、またこうしてそばにきてくれることがうれしくてなりませんでした。

でも、点滴の効果は一時的《いちじてき》なものだということは、よくわかっていました。腎《じん》臓《ぞう》という臓器《ぞうき》には再生《さいせい》する力がなく、一度失《いちどうしな》われた機能《きのう》はもう回復《かいふく》しません。点滴《てんてき》をすることで、カリンの生命《せいめい》を延《の》ばし、QOL《キューオーエル》（クオリティ・オブ・ライフ＝生活の質《しつ》）を高めてはいるけれど、それがいつまで続《つづ》くか……。

ある日、カリンはぱったり食べるのをやめました。それまで、大好《だいす》きなささみのペーストだけは少し口にできたのですが、口のまわりにつけてあげても、もうなめなくなったのです。いよいよ終《お》わりのはじまりなのか……。そう思うと、悲《かな》しみで心がおしつぶされそうになります。

そんなとき、高石動物病院《たかいしどうぶつびょういん》の先生がこんな話をしてくれました。

「高僧《こうそう》が生《い》き仏《ぼとけ》になるときは、断食《だんじき》をして水だけ飲《の》み、やがてミイラになっていくといいますよね。それはたぶん、体のなかのよごれたものをすべてだして清《きよ》める『浄化《じょうか》』の過程《かてい》で、ねこも同じなのではないでしょうか。動物たちはごく自然《しぜん》に、そのことを知っているのではないかと思います」

その言葉《ことば》を聞いて、どれほど救《すく》われたでしょう。人間でも、動物《どうぶつ》でも、自分の愛《あい》する者《もの》が食べなくなるのを見るほどつらいことはありません。食べない＝死《し》、だからです。でも、食べなくなるのは体を清《きよ》める「浄化《じょうか》」の過程《かてい》なのだと考えたら、ずっと受《う》けいれやすくなります。カリンを失《うしな》う悲《かな》しみがへるわけではないけれど、気持《きも》ちははるかに楽になりました。

それから二週間後、カリンは息《いき》を引きとりました。カリンとすごした時間はわずか十か月ちょっと。でも、家をなくしてさまよっていた年老《としお》いたねこに、たとえ短《みじか》い期間《きかん》であっても、あたたかい家庭《かてい》をあげられたこと。かかりつけの動物病《びょう》院《いん》の手厚《てあつ》いサポートを受けながら、最期《さいご》まで自宅《じたく》でケアすることができたこと。この経験《けいけん》はわたしにとって、大きな自信《じしん》になりました。

またいつかきっと、ケアを必要《ひつよう》とする保護《ほご》ねこを引きとろう。カリンを失ったにもかかわらず、そんなふうに思えたのです。

第4章

福島《ふくしま》からきた
被災《ひさい》ねこ、福《ふく》ちゃん

原《げん》発《ぱつ》事《じ》故《こ》と動《どう》物《ぶつ》

二〇一一年三月十一日、巨大地震《きょだいじしん》と大津波《おおつなみ》が東北地方《とうほくちほう》をおそいました。東日本《ひがしにほん》大震災《だいしんさい》です。

その翌日《よくじつ》、東京電力福島第一原子力発電所《とうきょうでんりょくふくしまだいいちげんしりょくはつでんしょ》の一号機《いちごうき》が爆発《ばくはつ》。大量《たいりょう》の放射性物質《ほうしゃせいぶっしつ》がもれだします。

原発の周辺《しゅうへん》に住《す》んでいた住民《じゅうみん》は、取《と》るものもとりあえず、大急《おおいそ》ぎで避難《ひなん》。ところが、犬やねこなどのペット、牛《うし》、馬《うま》、豚《ぶた》などの畜産《ちくさん》動物は取り残《のこ》されてしまいます。そして、原発から二十キロ圏内《けんない》は警戒区域《けいかいくいき》に指定《してい》され、一部《いちぶ》の例外《れいがい》をのぞき、立ち入り禁止《きんし》に——。

このままでは、動物たちはみんな飢《う》え死《じ》にしてしまう。

動物《どうぶつ》たちのいのちをつながなければと、全国各地《ぜんこくかくち》からボランティアがかけつけ、緊急《きんきゅう》のえさやりや保護《ほご》をはじめました。事態《じたい》が少し落《お》ちつけば、飼《か》い主《ぬし》が自分のペットをむかえに行くことをゆるされるにちがいない、きっと大規模《だいきぼ》な救出活動《きゅうしゅつかつどう》もはじまるだろう――みんなそう思っていたのです。

ところが、なにもおこらないまま時間だけがすぎ、取《と》り残《のこ》された動物たちはつぎつぎと死《し》んでいきました。運《うん》よく助《たす》けだされた動物たちも、飼い主が見つからなかったり、見つかっても避難先《ひなんさき》では飼えなかったりで、どこのアニマルシェルターもパンク寸前《すんぜん》……。

この悲惨《ひさん》な状況《じょうきょう》を、ニュースやインターネットをとおして知りつつも、当時わたしは目の前の仕事《しごと》に追《お》われ、福島《ふくしま》にも行けずにいました。なにか少しでも自分にできることはないだろうか……。

「被災《ひさい》ねこなら引きとれるかもしれない。そうだ、そうしよう！」

このアイデアに夫《おっと》も賛成《さんせい》し、わたしたちは警戒区域《けいかいくいき》で保護《ほご》されたねこを引きとることにしました。

動物《どうぶつ》保護団体《だんたい》のウェブサイトをいくつか検索《けんさく》していると、一ぴきの茶トラのオスねこの写真《しゃしん》が目にとまりました。説明《せつめい》はこうでした。

〔大熊町《おおくままち》で保護。推定《すいてい》八歳《さい》から十歳。右目が白濁《はくだく》。ねこエイズ陽性《ようせい》（＝ねこ免疫《めんえき》不全《ふぜん》ウイルスに感染《かんせん》しているということ）〕

「高齢《こうれい》で、右目も見えなくて、ねこエイズ陽性《ようせい》か……。この子はなかなか引きとり手が見つからないかもしれない」

カリンのことが頭にうかびました。カリンが旅立《たびだ》ってから一年ちょっと。またケアの必要《ひつよう》な子を引きとることが、カリンとの約束《やくそく》のような気がして、わたしたちはこのねこをむかえることにしました。

二〇一二年の一月、ボランティアの人が「福《ふく》ちゃん」をうちに連《つ》れてきてくれました。福《ふく》ちゃんはとても大きく、がっしりした体つき。太くてたくましい前脚《まえあし》は、まるでライオンの子どものようです。右目を失明《しつめい》しているだけでなく、左耳の先がちぎれていたり、顔にきずがあったりと、これまで数々《かずかず》のバトルをくぐりぬけてきた強者《つわもの》らしいことがうかがえました。

ところが、そんなタフそうな見かけによらず、福ちゃんはとてもあまえんぼうのねこでした。まだ出会ったばかりだというのに、もうソファに飛《と》び乗《の》り、わたしにぴったり体をくっつけてきます。

「このとおり、とっても人なつっこくて、気立てのいい子なんですよ」とボランティアさん。

「こんなに人が好《す》きということは、きっと今まで、ずいぶんかわいがられてきたねこなんでしょうね」

この子の家族《かぞく》はどんな人たちなんだろう。今ごろどこで、どうしているのだろうか……。いろんな思いが頭をめぐります。

「その人たちの分まで、この子を幸《しあわ》せにしよう」

その夜、福《ふく》ちゃんはもうさっそく、わたしたちといっしょにふとんに入っておねんね。そして明け方、ふと目を覚《さ》ますと、なんと夫《おっと》の腕《うで》まくらで、すやすやと寝《ね》ているではありませんか。

夫は、朝起《お》きると、カリンの夢《ゆめ》を見たと言います。

「カリンちゃんが、もう点滴《てんてき》はしなくていいよって言うので、見るといつのまにか、カリンちゃんが福ちゃんに変《か》わってたんだ」

なんてふしぎな夢でしょう。もしかしたら、カリンが見せてくれた夢だったのでしょうか。

「これからはわたしの分まで、福ちゃんをかわいがってね」

カリンがそう言っているような気がしました。

飢《う》えの記憶《きおく》

福《ふく》ちゃんはうちにきたときから口内炎《こうないえん》をわずらっていました。にもかかわらず、食べ物《もの》に異常《いじょう》なほどの執着《しゅうちゃく》を見せたのです。毎日ちゃんとキャットフードをあげているのに、わたしが食事《しょくじ》をしようと食卓《しょくたく》にお皿《さら》をならべると、すごいいきおいで飛《と》んできます。そして、わたしが食べるそばから、ニャオーと声をあげて、お皿に顔をつっこもうとするのです。

これではとても食べられないので、わたしは福ちゃんに取《と》られないようお皿を手に持《も》ち、立ったまま食事をしなければなりませんでした。

「かわいそうに、飢えていたときの記憶がぬけないんだろうな……」

保護《ほご》されるまでの数か月間、いつもおなかをすかせてさまよっていただろう福ちゃん。今もそのつらい記憶《きおく》がぬけず、食べ物《もの》を見ると飛《と》びつかずにはいられないのだろうと、わたしは想像《そうぞう》しました。

さいわい、毎日決《き》まった時間にごはんをもらえることがわかって安心《あんしん》したのか、福《ふく》ちゃんのこの行動《こうどう》はしばらくするとおさまり、わたしたち人間はすわって食事《しょくじ》ができるようになりました。

ただ、こまったことに、福ちゃんの口《こう》内炎《ないえん》はさらに悪化《あっか》。かかりつけの高石動《たかいしどう》物病院《ぶつびょういん》に相談《そうだん》したところ、犬歯《けんし》以外《いがい》はすべて抜歯《ばっし》することになりました。ねこは

食べ物《もの》をかまずに飲《の》みこんでも平気《へいき》な動物《どうぶつ》なので、歯《は》がなくても問題《もんだい》ないのだそうです。

でも、「犬歯《けんし》はオスねこのプライドだから」と高石《たかいし》先生が言い、りっぱな犬歯だけは残《のこ》すことになりました。抜歯《ばっし》したあとは口内炎《こうないえん》もおさまり、口のなかはきれいなピンク色になりました。

もとの家族《かぞく》との再会《さいかい》

それから二か月後の三月。なんと、福《ふく》ちゃんのもとの家族がわかり、再会が実現《じつげん》します。

末《すえ》の娘《むすめ》さんが、インターネット上に立ち上がっていた被災《ひさい》動物のデータベースを検索《けんさく》し、福ちゃんを見つけたのです。そして、お姉さんと二人《ふたり》、はるばる東京《とうきょう》まで会いにきてくれました。

福《ふく》ちゃんのもとの家族《かぞく》は、七十代《だい》のおじいさんとおばあさん、五十代のお父さんとお母さん、そして、二十代の娘《むすめ》さん三人、という七人の大家族でした。おうちは代々《だいだい》続《つづ》く農家《のうか》ですが、お父さんは事故《じこ》の前は原発関係《げんぱつかんけい》の仕事《しごと》をしていたとのこと。

福ちゃんの現在《げんざい》の年齢《ねんれい》は十歳《さい》で、もとの名前は「キティ」というかわいい名前だったそうです。右目を失明《しつめい》したのは、ほかのねことけんかしてきずついたせいだということもわかりました。

その二か月後には、わたしたちが福ちゃんを連《つ》れ、新幹線《しんかんせん》で家族の避難先《ひなんさき》の仙《せん》台《だい》まで行くことに。福ちゃんをいちばんかわいがっていたというおばあさんが、首を長くして待《ま》っています。

福ちゃんはおばあさんを見るなり、しっぽをピンと立ててそちらに歩いていきました。かつて住《す》んでいた家ではない、初《はじ》めてきた家で会ったのに、すぐに自分のおばあさんだとわかったみたいです。「ねこは家につく」とよくいわれますが、ちゃんと人のことも覚《おぼ》えているのです。

おばあさんは福《ふく》ちゃんの顔を両手《りょうて》ではさみ、涙《なみだ》を流《なが》しながら、言いました。

「キティ、置《お》いてってごめんな。あんときは、二、三日で帰れると思ってたんだよ。もう死《し》んじまったかと思ってだ。よく生きでたなあ……」

福ちゃんはうれしそうにおばあさんのひざによりかかり、ゴロゴロ言ってあまえます。大好《だいす》きな人に安心《あんしん》しきって身《み》をあずけているその姿《すがた》を見ると、わたしのほうも涙が止《と》まらなくなりました。

三月十一日以降《いこう》、福ちゃんの家族《かぞく》はどうしていたのでしょうか。

あの日、家族はみんなそれぞれの仕事《しごと》や学校や用事《ようじ》で、ばらばらにでかけていたそうです。おじいさんとおばあさんだけは、いつものように家のそばの畑《はたけ》で農《のう》作業《さぎょう》をしていたのですが、そこで大地震《おおじしん》にみまわれます。

余震《よしん》が続《つづ》いて危険《きけん》なので、おじいさんとおばあさんは家のなかには入らず、畑《はたけ》のまんなかにとめた軽《けい》トラックのなかで一晩《ひとばん》をすごしました。そして翌朝《よくあさ》、近くの中学校に行ってみると、原発《げんぱつ》が爆発《ばくはつ》したというので、みんなが避難《ひなん》をはじめています。ほかの町にでかけていたお父さんとお母さんももどってきて、とにかくすぐ避難しようということになりました。

ところが、福《ふく》ちゃんの姿《すがた》はどこにも見あたりません。ねこはこわい思いをすると、暗《くら》くてせまいところにかくれる習性《しゅうせい》がありますから、たぶんどこかに身《み》をひそめていたのでしょう。そこで、とりあえず二つのお皿《さら》にキャットフードを山もりに入れ、縁側《えんがわ》のガラス戸を少し開《あ》けたままにして、家族《かぞく》は家をあとにしました。

そのまま二度《にど》と帰れなくなるとは夢《ゆめ》にも思わずに……。

失《うしな》われた福《ふく》ちゃんのくらし

「いつまで避難生活《ひなんせいかつ》が続《つづ》くのか、先の見通《みとお》しが立たないので、これからもずっとキティのことをおねがいします」

わたしたちはもとの家族《かぞく》から、あらためて福ちゃんを託《たく》されました。

もとの家族と出会えたことがきっかけとなり、わたしは原発事故《げんぱつじこ》のことを福ちゃんの一人称《いちにんしょう》で語る＊写真絵本《しゃしんえほん》をつくることに。福ちゃんを助《たす》けてくれた保護団体《ほごだんたい》の人たちと警戒区域《けいかいくいき》に行き、動物《どうぶつ》たちの救援活動《きゅうえんかつどう》を手伝《てつだ》ったり、福ちゃんの家族が一時帰宅《いちじきたく》するときに同行させてもらったりし、福ちゃんが原発事故の前はどんな生活をしていたのか、ほんの少しですが、かいまみることができました。

＊写真絵本《しゃしんえほん》『いつか帰りたいぼくのふるさと　福島第一原発《ふくしまだいいちげんぱつ》20キロ圏内《けんない》からきたねこ』（小学館）

まだ放射線量《ほうしゃせんりょう》が高かったため、わたしたちはみな白い防護服《ぼうごふく》を着《き》こみ、不織布《ふしょくふ》のマスクとキャップをつけて、警戒区域《けいかいくいき》に入ります。保護団体《ほごだんたい》の活動《かつどう》では、犬やねこがきそうなところに大量《たいりょう》にペットフードを置《お》いてまわります。また、ねこを残《のこ》して避難《ひなん》した人たちから保護してほしいとたのまれ、何軒《なんけん》もの家の周囲《しゅうい》に捕獲器《ほかくき》をしかけました。

福《ふく》ちゃんが保護された場所《ばしょ》にも連《つ》れていってもらいました。

「わたしたちが飼《か》い主《ぬし》さんからたのまれて行った家に、福ちゃんがいたんですよ。保護しようとしたけれど、にげまわるので、食べ物《もの》を入れて捕獲器をしかけたら、すぐ入ってくれました」と、ボランティアさん。

残念《ざんねん》ながら、そのときさがしていたねこは見つかりませんでしたが、福ちゃんは無事《ぶじ》保護され、いのちを救《すく》われました。自分の身《み》を放射能《ほうしゃのう》の危険《きけん》にさらしながら、それでも動物《どうぶつ》たちを助《たす》けに行ってくれたボランティアさんたちには、ほんとうに感謝《かんしゃ》の言葉《ことば》しかありません。

福《ふく》ちゃんのお父さんとお母さんの一時帰宅《いちじきたく》に同行《どうこう》させてもらったときは、あれはてた家の様子《ようす》に衝撃《しょうげき》を受《う》けました。家のなかは地震《じしん》でめちゃくちゃになったまま。われた食器《しょっき》が床《ゆか》をうめつくすように散《ち》らばり、時計は地震があった午後二時四六分で止《と》まっています。床にはネズミのふんがあちこちに落《お》ちていて、庭《にわ》は雑草《ざっそう》がのびほうだいです。

「一時帰宅するたびに、どんどん家があれていくのを見るのはつらいです……」

と、お父さんが悲《かな》しそうに言います。

ろうかには乾麺《かんめん》の袋《ふくろ》が落ちていて、はっきりとねこのつめあとがついていました。

「おなかがすいて、こんなものまで食べようとしたんでしょうね……」と、お母さん。

福《ふく》ちゃんがなぜあんなに食べ物《もの》に執着《しゅうちゃく》していたのか、わかった気がしました。福ちゃんが住《す》んでいた家のまわりには、広々《ひろびろ》とした畑《はたけ》や田んぼ、ひのきの林がありますす。福ちゃんはよくおばあさんについて畑に行き、お天気のいい日は、太《たい》陽《よう》であたたまった土のベッドでひなたぼっこしたそうです。自然《しぜん》がいっぱいの場所《ばしょ》での、自由《じゆう》でのどかな生活。でも、原発事故《げんぱつじこ》で、それは永久《えいきゅう》に失《うしな》われてしまいました。

体も心も大きなねこ

わが家にむかえた初《はじ》めてのオスねこの福ちゃん。体重《たいじゅう》はカリンの二倍《ばい》（ほとんど七キロ）！　手足はごつく、いかにも強そうで、すもうで言う「どすこい」というふんいきでした。

福島《ふくしま》ではずっと外ですごしていたせいか、福《ふく》ちゃんはベランダにでるのが大好《だいす》きでした。ベランダのテーブルの上にゆうゆうとねそべり、風が運《はこ》んでくれるさまざまなにおいや鳥たちのさえずりに耳をかたむけたものです。

あるときは、ベランダのいすの背《せ》にとまった小鳥に目にもとまらぬ速《はや》さで飛《と》びかかり、口にくわえたこともありました（さいわい歯《は》がなかったので、小鳥は無《ぶ》事《じ》でしたが）。このハンターとしての能力《のうりょく》があったおかげで、福《ふく》ちゃんは原発事故《げんぱつじこ》後の数か月をなんとか生き延《の》びることができたのかもしれません。

あれほど過酷《かこく》な経験《けいけん》をしたにもかかわらず、福ちゃんはまったく神経質《しんけいしつ》なところがなく、とてもおおらかなねこでした。家のリフォームで、しばらくいろんな業者《ぎょうしゃ》の人たちが出入りしていたときも、福ちゃんはかくれるどころか、真《ま》っ先にでむかえてあいきょうをふりまき、みんなにかわいがられたものです。

わたしにとっては、福ちゃんがかつてのクリやカリンのように、いつもわたしのそばにいてくれることがなによりの喜《よろこ》びでした。お気に入りの定位置《ていいち》は、わたしの仕事机《しごとづくえ》の上か、机《つくえ》の横《よこ》のねこベッド。大きくて、どっしりした存在感《そんざいかん》のある福《ふく》ちゃんがかたわらにいてくれると、なんだかとても安心《あんしん》したものです。

野生の死《し》にざま

そんな福ちゃんとも、別《わか》れのときがきました。それも、思っていたより早く……。

わが家にきてから三年後の一月、血液検査《けつえきけんさ》で腎臓《じんぞう》が悪《わる》くなっていることがわかりました。福ちゃんは当時十三歳《さい》。カリンもそうだったように、慢性腎臓病《まんせいじんぞうびょう》は高《こう》齢《れい》のねこにはとても多い病気《びょうき》です。現在《げんざい》の医療《いりょう》ではまだ治《なお》すことができず、少しでも長く腎臓の機能《きのう》をもたせるしかありません。

さっそく腎臓病のねこ用のキャットフードに切りかえ、高石動物病院《たかいしどうぶつびょういん》での点滴《てんてき》

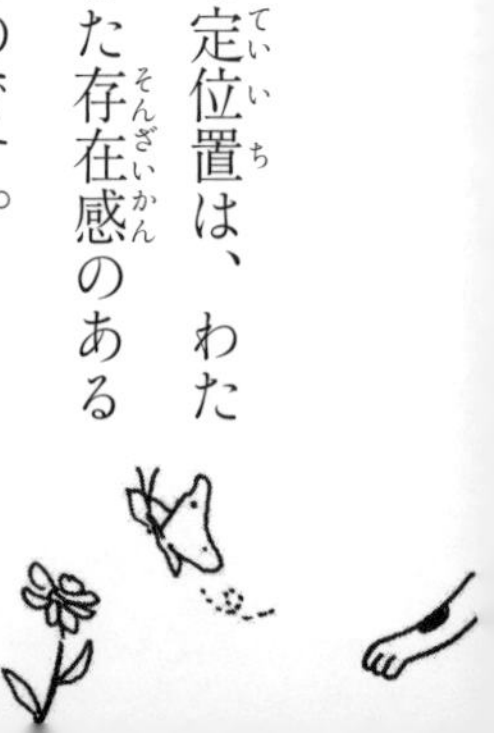

もはじめます。定期的《ていきてき》な点滴《てんてき》のおかげもあってか、福《ふく》ちゃんはその後数か月の間、病気《びょうき》であることをわすれるほど元気にすごすことができました。

でも、カリンのときと同じように、やはり夏の暑《あつ》さがこたえたようです。二〇一五年の夏、福ちゃんは食欲《しょくよく》がなくなり、ぐったりしはじめました。

「残《のこ》された時間はもうあまり長くないだろう」

これまでの経験《けいけん》から予想《よそう》がつきました。少しでも長くいい状態《じょうたい》を保《たも》つには、点滴の頻度《ひんど》をふやす必要《ひつよう》がありましたが、家で点滴をしたくても、力の強い福ちゃんがいやがって抵抗《ていこう》すると、とてもわたしたち素人《しろうと》の手には負《お》えません。

そこで、病院《びょういん》に通《かよ》う一方で、往診《おうしん》もしてもらい、先生たちと二人三脚《ににんさんきゃく》で点滴を続《つづ》けたのです。家から歩いてわずか数分《すうふん》の距離《きょり》に、親身《しんみ》にささえてくれる動物《どうぶつ》病院があったことは、ほんとうにさいわいでした。

でも、病気の進行《しんこう》は止《と》められませんでした。カリンもそうだったように、福ちゃんもだんだん食べ物《もの》を口にしなくなり、あんなに大きかった体がやせ細っていきました。そして、ある日、ぱったり食べるのをやめたのです。

それから数日後のこと。福《ふく》ちゃんはもうすっかり弱っていましたが、突然《とつぜん》力をふりしぼってベッドに飛《と》び乗《の》り、わたしの腕《うで》のなかにもぐりこんできました。そして、ゴロゴロ言ってあまえるのです。もう長いこと、こんなことはしていなかったのに……。

「もうすぐお別《わか》れだけど、これまでありがとうね」

そう言っているような気がしました。

福ちゃんはしばらくしてベッドからおりると、今度《こんど》は寝室《しんしつ》のクローゼットのなかに入っていきます。昼間《ひるま》でも暗《くら》く、せまいクローゼットのなかは、どこより落《お》ちつける場所《ばしょ》だったのでしょう。

ねこは自分が死《し》ぬところを人に見せない、とよくいわれますが、それは弱った姿《すがた》を見せたくないからではなく、そういうときは暗《くら》くて静《しず》かな場所《ばしょ》にもぐりこむほうが安心《あんしん》できるからだそうです。人間なら、陽《ひ》がさす明るい部屋《へや》にいるほうがずっと心地《ここち》よく感《かん》じるでしょうけれど、野生の動物《どうぶつ》は、外敵《がいてき》におそわれる心配《しんぱい》の少ないところにかくれているほうがいいのです。家のなかにいても、福《ふく》ちゃんはまるで野生のねこがするように、かくれ場所に身《み》をひそめたのでした。

福ちゃんはそのままクローゼットからでずに二日すごし、三日目にはまたおどろくほどの力をふりしぼって、二階《かい》にあがろうとしました。だっこして大好《だいす》きなベランダにだしてあげると、そこに体を横《よこ》たえます。秋の気配《けはい》を運《はこ》ぶ風が、福ちゃんの顔をやさしくなでます。

「やっぱり空が見える場所がいいよね。空は福島《ふくしま》までつながってるものね……」

今日、福ちゃんは逝《い》ってしまうのかもしれない。そう思いながら、わたしは福ちゃんに話しかけました。

それからしばらくして、福《ふく》ちゃんの呼吸《こきゅう》があらくなりました。ここで、なにを思ったか、わたしは思わず福ちゃんをキャリーバッグに入れ、高石動物病院《たかいしどうぶつびょういん》にかけこんでしまったのです。病院の酸素室《さんそしつ》に入れて呼吸を楽にしてやりたい。そのことしか頭にうかびませんでした。

でも、病院に着《つ》いたとたん、福ちゃんは息《いき》を引きとりました。わたしの悪《わる》あがきにもかかわらず、福ちゃんはもうとっくに旅立《たびだ》つ準備《じゅんび》ができていたのです。

先生がこう言いました。

「福ちゃんらしい最期《さいご》でしたね。福ちゃんは酸素室なんかいやだったんでしょう。とっても野生味《やせいみ》の強い子でしたから……」

まったくそのとおりでした。福ちゃんはこれまでわたしがいっしょにくらしてきたどのねこよりも、自然《しぜん》に近い生活をしてきたねこ。きっとそれをつらぬいたのでしょう。

体のうちにねむる野生動物《どうぶつ》としての本能《ほんのう》にしたがった、まるで野生のねこのような死《し》にざま。福《ふく》ちゃんは最後《さいご》までたくましく、あっぱれなねこでした。

第5章

天《てん》使《し》ねこ、マルオ

殺《さつ》処《しょ》分《ぶん》をのがれた負《ふ》傷《しょう》ねこ

わたしは福《ふく》ちゃんには特別《とくべつ》な思い入れがありました。

「よくあの原発事故《げんぱつじこ》を生き延《の》びたね。がんばったね」と。

だから、福ちゃんが亡《な》くなったあとは、心にぽっかり大きな穴《あな》があいたような気がしました。仕事《しごと》にも集中《しゅうちゅう》できず、ふと気がつくと、ためいきをついてばかり。

「これではいけない」と思ったとき、かつてアメリカで姫《ひめ》とてふてふを亡くしたときの、ベイルス先生の言葉《ことば》がよみがえってきました。

「いのちを失《うしな》った痛《いた》みをいやしてくれるのは、新しいいのちだよ」

「そうだ。また福島《ふくしま》の被災《ひさい》ねこを引きとって、福ちゃんの分まで愛情《あいじょう》をそそごう」

そう気を取《と》りなおしたのです。

ただ、福《ふく》ちゃんが亡《な》くなったのは、二〇一五年の秋。原発事故《げんぱつじこ》からはすでに四年以上《いじょう》もたっています。はたして今もまだ、福島《ふくしま》のねこたちの救援活動《きゅうえんかつどう》をしている人たちはいるのでしょうか。

インターネットで調《しら》べてみると、埼玉県川越市《さいたまけんかわごえし》にある「またたび家《け》」というねこの保護団体《ほごだんたい》が、年月とともにボランティアがへっていくなかでも、活動を続《つづ》けていることがわかりました。

またたび家は埼玉県動物指導《どうぶつしどう》センターなどの行政《ぎょうせい》の施設《しせつ》や、ねこの数がふえすぎて世話《せわ》をしきれなくなった「多頭飼育崩壊《たとうしいくほうかい》」（59ページ）の現場《げんば》などからも、たくさんのねこを受《う》けいれています。すてられ、殺処分《さつしょぶん》されるねこたちを少しでもへらすため、外《そと》ねこの不妊《ふにん》・去勢手術《きょせいしゅじゅつ》に特化《とっか》した「所沢《ところざわ》さくらねこ診療所《しんりょうじょ》」も開《ひら》いています。どれもねこたちのいのちを救《すく》うために大切な活動《かつどう》ばかりです。

わたしたちはさっそくまたたび家の代表《だいひょう》の塩沢美幸《しおざわみゆき》さんに連絡《れんらく》を取《と》り、川越にあるシェルターに行ってみることにしました。

またたび家《け》のシェルターは一見するとふつうの民家《みんか》ですが、なかでは保護《ほご》されたたくさんのねこたちがくらしています。実際《じっさい》に訪《たず》ねてみると、さすがにもう飼《か》い主《ぬし》とはなればなれになったねこはほとんど残《のこ》っておらず、今、被災地《ひさいち》で保護されるのは取《と》り残されたねこたちの子孫《しそん》ばかりだということがわかりました。つまり、まだ一度《いちど》も人とくらしたことのないねこたちです。もちろんそういうねこたちもあたたかい家庭《かてい》を必要《ひつよう》としているのですが、福《ふく》ちゃんのように原発事故《げんぱつじこ》で家をなくしたねこを引きとろうと意気《いき》ごんでいたわたしは、すぐには気持《きも》ちを切りかえられません。

「うーん、どうしよう」とまよっていると、「この子はどうですか？」と塩沢《しおざわ》さんが連《つ》れてきてくれた茶トラの男の子が、マルオでした。むっちりした小さな体。手足もしっぽも短《みじか》くて、ちょっとこまったような、ふしぎな顔をしています。

マルオは交通事故《こうつうじこ》にあって道ばたにたおれていたところを助《たす》けられ、埼玉県動物指導《さいたまけんどうぶつしどう》センターに運《はこ》びこまれた負傷《ふしょう》ねこでした。年齢《ねんれい》は五歳《さい》ぐらいだろうということですが、保護《ほご》される前はどこでどんな生活をしていたのか、過去《かこ》はまったくわかりません。何日たっても飼《か》い主《ぬし》があらわれなかったため、このままだと殺処《さっしょ》分《ぶん》になってしまう……。

「でも、こんなかわいい、人なつこい子を殺処分にするのはしのびない」。

そう思ったセンターの職員《しょくいん》さんが、またたび家《け》に引きとりを依頼《いらい》してきたのだそうです。

またたび家で会ったとき、マルオはまだ、事故でけががしたうしろ脚《あし》が不自由《ふじゆう》でした。マルオがわたしたちの目の前でちゃぶ台に飛《と》び乗《の》るのを見て、塩沢《しおざわ》さんが思わず「わぁー、乗れるようになったんだ、よかったー」と歓声《かんせい》をあげたくらいです。

健康《けんこう》なねこなら高いタンスの上にだって軽々《かるがる》と飛《と》び乗《の》るのに、ちゃぶ台のような低《ひく》いテーブルに乗るのがやっとだったマルオ。でも、けんめいにジャンプするその姿《すがた》には、なんとも言えないいじらしさがありました。初対面《しょたいめん》の人にはなでられても緊張《きんちょう》する様子《ようす》はなく、とてもおおらかな子のようです。

マルオにはかなり心をひかれたものの、「福島《ふくしま》のねこ」から頭を切りかえる必要《ひつよう》もあり、その日はいったん家に帰りました。でも、もう帰る道すがら、すでに、わたしたちはマルオのいる生活をイメージしはじめていました。

「こまったような顔がかわいいね」

「福《ふく》ちゃんと同じ茶トラだし」

「気立てもよさそうだし」

というわけで、翌朝《よくあさ》にはマルオをむかえると心を決《き》め、塩沢《しおざわ》さんに連絡《れんらく》。「トライアルさせてください」と伝《つた》えました。

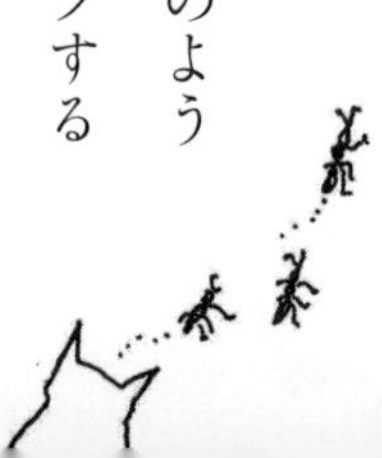

第５章　天使ねこ、マルオ

マルオはすぐにわが家になじみました。うちにきてから三日目には、もうおなかをだし、ゆうゆうとあおむけで寝《ね》るように。ねこにとって弱い部分《ぶぶん》であるおなかをさらし、いざというときにげるにも時間がかかるこんなポーズ（「へそ天」ともよばれます）で寝るのは、心から安心《あんしん》しているしるしです。

マルオがペンギンのぬいぐるみをだき、あおむけになって寝る姿《すがた》はほんとうにむじゃきでかわいらしく、この子のいのちを救《すく》ってくれた動物指導《どうぶつしどう》センターの職《しょく》員《いん》さんとまたたび家《け》の塩沢《しおざわ》さんに、あらためて感謝《かんしゃ》せずにいられませんでした。

マルオの名前は、もとは「つかさ」だったのですが、「マルオ」に改名《かいめい》。なぜかというと、まるでコンパスで引いたのかと思うほど、見事《みごと》にまん丸な顔をしていたからです。やがて、マルオは顔だけでなく、心も丸い、まさにその名にぴったりのねこだということがわかってきます。

過去《かこ》の事故《じこ》の影響《えいきょう》？

マルオがうちにきてから三か月ほどたったある日。

夜、夫《おっと》が帰宅《きたく》すると、いつもは元気なマルオがねこベッドのなかでうずくまり、具合悪《ぐあいわる》そうにじっとしていたそうです（わたしはそのとき海外出張《かいがいしゅっちょう》で留守《るす》にしていました）。やがて息《いき》をするのも苦《くる》しそうな様子《ようす》を見せ、「これはおかしい」と思った夫は、夜間救急《やかんきゅうきゅう》がある動物病院《どうぶつびょういん》にマルオを連《つ》れてかけこみます。

検査《けんさ》の結果《けっか》、マルオは「膿胸《のうきょう》」といって、肺《はい》のまわりの胸腔《きょうくう》に感染《かんせん》がおこり、うみがたまる病気《びょうき》になっていることがわかりました。それで呼吸《こきゅう》が苦しかったのです。この病気はねこどうしのけんかや交通《こうつう》事故などでけがをし、そのきず口から感染してはじまることが多いといいます。マルオは四か月前に交通事故にあっていますから、このときのけがが原因《げんいん》だったのかもしれません。

とにかく、即入院《そくにゅういん》。胸腔内《きょうくうない》にたまったうみのまじった液体《えきたい》をぬき、洗浄《せんじょう》しなければなりません。帰国してすぐマルオに会いに行くと、液体をぬくためのチューブはすでにはずれていました。でも、右胸《みぎむね》の毛がそられ、チューブを入れたところのきずあとはまだ縫《ぬ》ったばかりで生々《なまなま》しく、痛《いた》そうです。きずあとをなめないよう、エリザベスカラーというラッパのような形をした保護具《ほごぐ》を首に巻《ま》いています。

「マルちゃん、もう少しのしんぼうだからね、がんばろうね～」

そう声をかけると、マルオはいつものちょっとこまったような顔でわたしを見

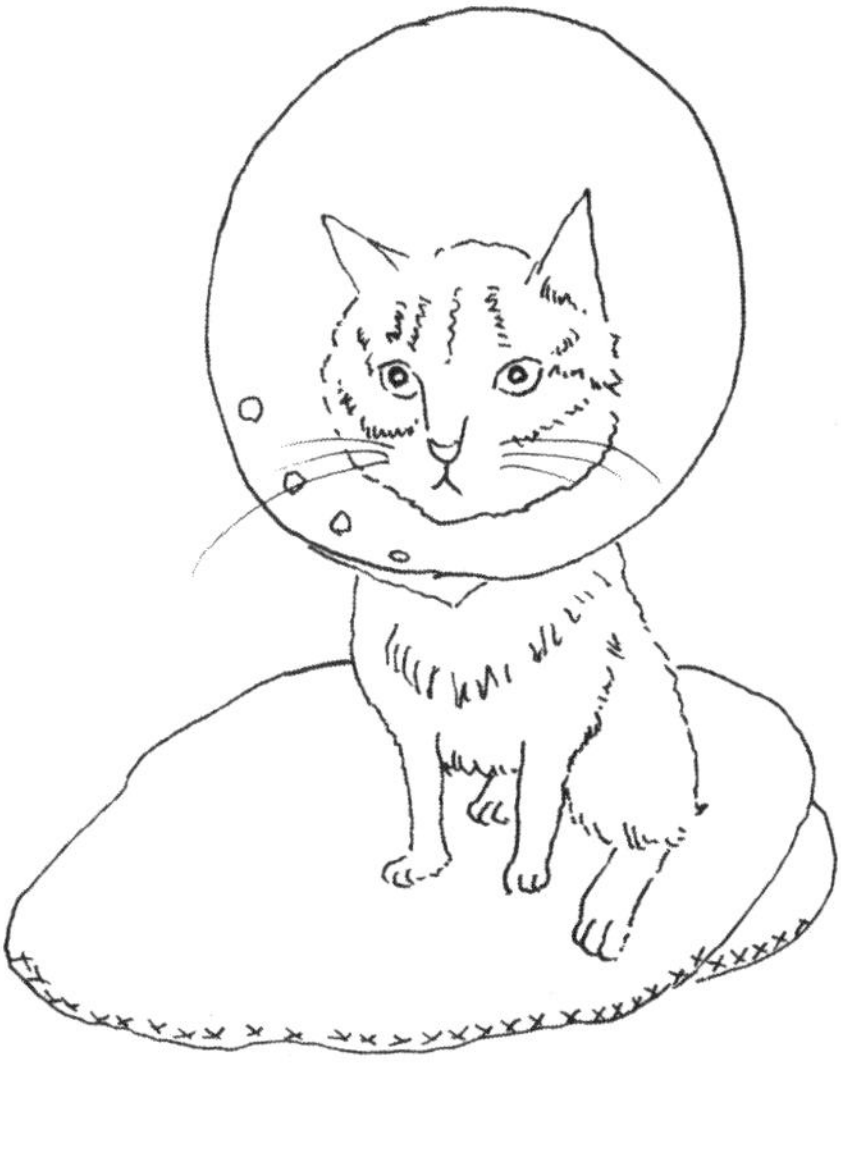

て、「うん、ぼく、がんばるよ」（と、答えたような気がします）。

結局《けっきょく》マルオは二週間ちょっと入院《にゅういん》しました。退院《たいいん》するときは、看護師《かんごし》さんたちが「マルちゃん、ほんとにいい子で、みんなのアイドルだったんですよ。わたしたち、マルちゃんロスになります」と、なごりおしそうに言いました。マルオはどんな処置《しょち》でもいやがらずに受《う》けいれ、「ごめんね」とあやまると、「気にしなくていいよ」というような顔をしていたのだそうです。

どこにいても、さしだされた人の手をおだやかに受けいれる、まん丸な性格《せいかく》のマルオ。そんなマルオをなんとか殺処分《さつしょぶん》から救《すく》いたいと思った動物指導《どうぶつしどう》センターの人たちの気持《きも》ちが、あらためてわかる気がしました。

ねこステップを取《と》りつける

第５章　天使ねこ、マルオ

それから一か月ほどし、膿胸《のうきょう》は完治《かんち》。マルオは以前《いぜん》と変《か》わらず、あけっぴろげにあおむけで寝《ね》たり、ネズミのおもちゃにじゃれて遊《あそ》ぶようになりました。うちにきたときはまだ少し不自由《ふじゆう》だったうしろ脚《あし》も、わが家の階段《かいだん》をのぼりおりするのがいいリハビリになったのか、いつのまにかすっかりよくなりました。

すると、マルオは元気いっぱい家じゅうをかけまわるように。階段をいきおいよくかけあがったり、背《せ》の高い家具《かぐ》にも軽々《かるがる》と飛《と》び乗《の》るようになったのです。

ところが、元気になったのはよかったものの、新たな心配《しんぱい》の種《たね》が……。

わが家は二階《にかい》の上にロフトがあるのですが、家のなかでいちばん高いところにあるそのロフトの開口部《かいこうぶ》のわくが、マルオのお気に入りの場所《ばしょ》になったのです。しかもこまったことに、マルオはときどきそこから、すぐ下のリビングにいるわたしにむかって、飛びおりようとするしぐさをします。

「もしマルちゃんがほんとに飛びおりちゃったらどうしよう」

ねこは二・五メートルほどの高さ（ふつうの家の天井《てんじょう》の高さぐらい）であれば、落《お》ちてもたいてい無事《ぶじ》に着地《ちゃくち》できるといわれています。でも、マルオは、よくなったとはいえ、もと負傷《ふしょう》ねこ。高いところから落ちたら、大けがをするかもしれません。

そう思うと、心配《しんぱい》でたまらなくなってきました。

「なんとかマルオがロフトのわくに乗《の》らないようにする方法《ほうほう》はないものか。格子《こうし》のようなものを取《と》りつけようか、それとも、いっそ開口部《かいこうぶ》を全部《ぜんぶ》ふさいでしまおうか……」

あれこれ思案《しあん》していたとき、ねこ好《ず》きの友人夫婦《ふうふ》が、家に「ねこステップ」を設置《せっち》したというニュースが。

「これだ！」

思わず手を打《う》ちました。ねこステップがあれば、マルオは飛《と》びおりるかわりに、

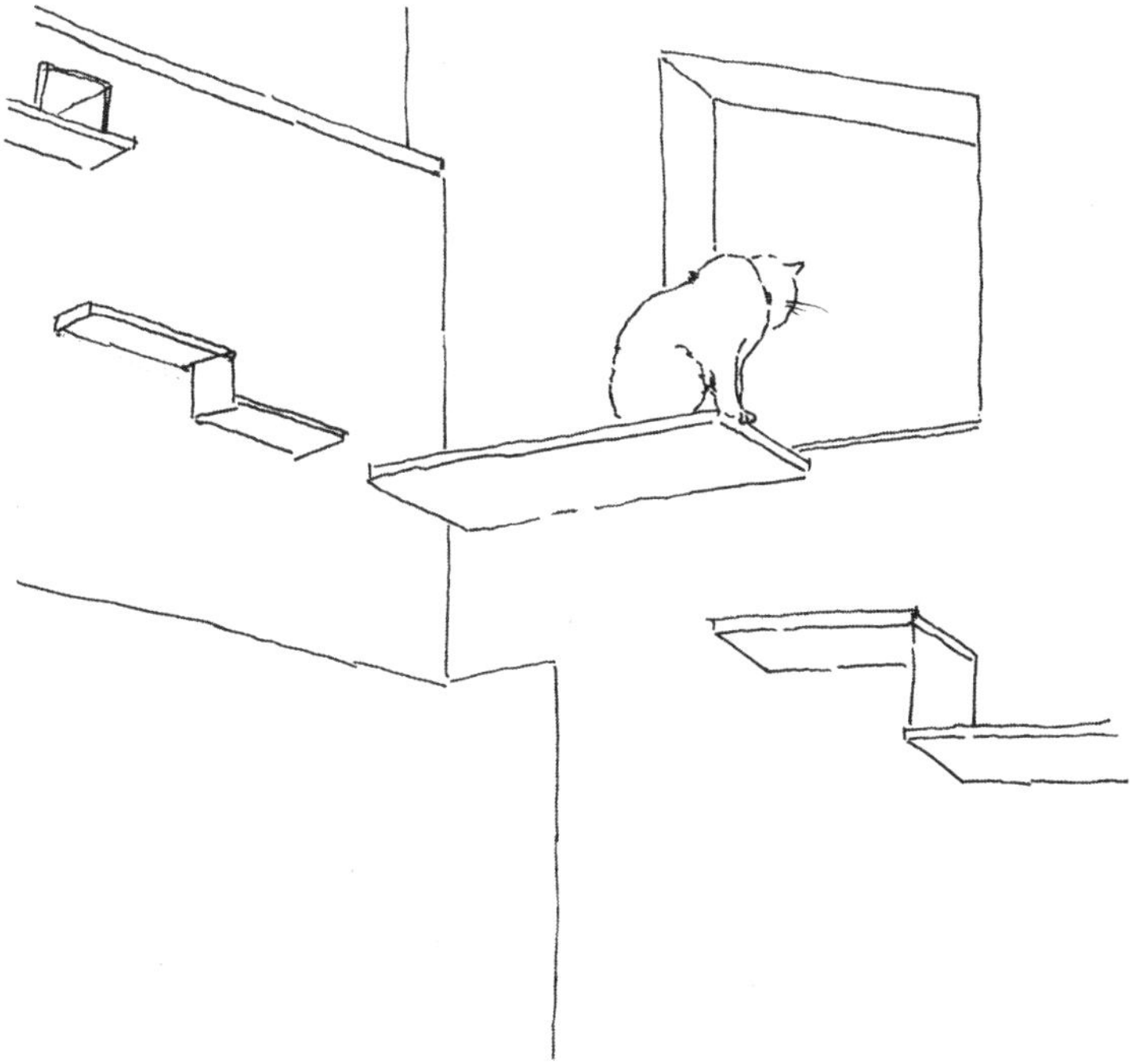

それを使《つか》っておりるようになるはず。わたしの心配《しんぱい》の種《たね》がなくなるだけでなく、マルオにとっては家が前より広くなったようなものですから、もっと楽しくくらせるようになるでしょう。

　そこで、ねこの気持《きも》ちを考えた家づくりを提唱《ていしょう》している建築家《けんちくか》の金巻《かねまき》とも子さんにおねがいし、うちのリビングにもねこステップとねこウォークを取《と》りつけることにしました。

この計画《けいかく》は大成功《だいせいこう》でした！

マルオはロフトの開口部《かいこうぶ》に向《む》かって取《と》りつけられたねこステップを使《つか》い、ごきげんでかけあがります。そして、吹《ふ》きぬけの天井《てんじょう》にある高い窓《まど》のところにつけたねこウォークから、ゆうゆうと窓の外を見物《けんぶつ》。犬を連《つ》れて散歩《さんぽ》する人や、家の前の大きな木にくる小鳥たちをあきずにながめます。人がみな留守《るす》のときも、この窓がテレビがわりになって、マルオを楽しませてくれるにちがいありません。

ねこステップ導入《どうにゅう》で、マルオの飛《と》びおり問題《もんだい》は無事解決《ぶじかいけつ》。マルオはますます元気になる一方で、ねこステップも使って家じゅうをかけまわります。そんなマルオと追《お》いかけっこするのはたいへんでした。

「もう人間のわたしじゃ、とても遊《あそ》び相手《あいて》がつとまらない。やっぱりねこでないと」

そこで、マルオとなかよくなり、いっしょに遊《あそ》んでくれそうな子をむかえることになりました。そうしてわが家にやってきたのがタビオです（第《だい》６章《しょう》）。マルオとタビオはすっかりなかよしになりました。いつもいっしょに遊び、おだんごのようにくっついて寝《ね》るようになった二ひき。「マルちゃんの遊び相手《あいて》を見つけたい」というわたしの希望《きぼう》はかなったのでした。

試《し》練《れん》のはじまり

二〇一七年の冬、マルオに最初《さいしょ》の異変《いへん》がおこります。

夜明け前、わたしといっしょにベッドで寝ているときのこと。突然《とつぜん》、はげしくけいれんし、意識《いしき》を失《うしな》ったように見えたのです。三十秒《びょう》ほどしてけいれんがおさまると、「アオーン」と、これまで聞いたことがないような大きな声で鳴きます。

おしっこをもらしたのか、シーツがぬれています。

「これまでずっと元気だったのに、これはいったいなに?」

かかりつけの高石動物病院《たかいしどうぶつびょういん》に相談《そうだん》すると、

「うーん、それはてんかんの発作《ほっさ》かもしれませんね……。もしまた発作がおこったら、できたら動画《どうが》を撮《と》ってください。発作がおこる前どうだったかとか、発作後の様子《ようす》などもよく観察《かんさつ》してくださいね」と。

てんかんは、脳《のう》の神経細胞《しんけいさいぼう》が過剰《かじょう》に興奮《こうふん》することで、けいれんや意識障害《いしきしょうがい》などがおこり、それがくりかえされる脳の病気《びょうき》です。薬《くすり》で発作の頻度《ひんど》をへらすことはできても、まったくおこらないようにすることはできず、いつおこるかもわかりません。

「てんかんの発作かもしれない」と聞いたとき、真《ま》っ先にわたしの頭をよぎったのは、「ねこウォークの上にいるときに発作がおきたらどうしよう!」。

マルオは高い窓《まど》のところに取《と》りつけたねこウォークにすわり、外をながめるのが大好《だいす》きです。もしそこにいるときに発作《ほっさ》がおき、意識《いしき》を失《うしな》ったまま落下《らっか》したら、死《し》んでしまうかもしれません。

わたしは急《いそ》いでダイニングテーブルをねこウォークの真下《ました》に移動《いどう》し、その上にふとんを積《つ》みかさねました。ねこウォークからふとんの上に落《お》ちたあと、さらにバウンドして床《ゆか》に落ちるかもしれないので、床にもざぶとんをしきつめました。

そのほか、リビングの出窓《でまど》、寝室《しんしつ》のタンスの上など、マルオのお気に入りの場《ば》所《しょ》のまわりには、赤ちゃん用のお昼寝《ひるね》ふとんを何枚《なんまい》もしきつめます。発作のときは失禁《しっきん》することもわかったので、介護《かいご》で使《つか》う防水《ぼうすい》シーツでカバーしました。

その後、マルオはほぼ一か月に一度《ど》の割合《わりあい》で発作をおこすようになり、その間《かん》隔《かく》がしだいに短《みじか》くなってきました。かかりつけの先生に動画《どうが》を見てもらうと、やはりてんかん発作である可能性《かのうせい》が高いとのこと。専門《せんもん》の病院《びょういん》でMRI《エムアールアイ》検査《けんさ》もしたところ、「特発性《とくはつせい》てんかん」といって、脳《のう》には異常《いじょう》がなく、原因《げんいん》がわからない種類《しゅるい》のてんかんだと診断《しんだん》されました。人や犬にくらべ、ねこの特発性てんかんはかなりめずらしいそうです。

できる治療《ちりょう》としては、発作《ほっさ》の頻度《ひんど》をへらすために、抗《こう》てんかん薬《やく》を飲《の》むこと。

「薬《くすり》をとちゅうでやめたり、飲みわすれたりすると、かえってひどくなってしまうかもしれないので、ずっと続《つづ》けることが大事《だいじ》です。毎日できそうですか？」

わたしはすぐに返事《へんじ》ができませんでした。

「わたしが出張《しゅっちょう》のときはどうしよう……」

じつはこの当時、夫《おっと》は海外留学中《かいがいりゅうがくちゅう》で、ずっと不在《ふざい》だったのです。

こまっているわたしに助《たす》け舟《ぶね》をだしてくれたのは、近所《きんじょ》に住《す》むねこ友のえり子さん。えり子さんは、これまでなんびきも家のないねこたちを保護《ほご》し、病気《びょうき》の子たちの世話《せわ》もしてきた大ベテランで、四ひきの保護ねことくらしています。

「敦子《あつこ》さんが留守《るす》のときは、わたしがおうちに行ってマルちゃんに薬《くすり》を飲《の》ませるからだいじょうぶ。安心《あんしん》して出張《しゅっちょう》に行ってね」

なんてありがたく、心強い言葉《ことば》でしょう。これでマルオの投薬《とうやく》もしつつ、仕事《しごと》も続《つづ》けることができます。近所《きんじょ》にたよれるねこ友がいることがどんなに大事《だいじ》なことか痛感《つうかん》しました。このときささえてくれたえり子さんには、今も感謝《かんしゃ》の気持《きも》ちでいっぱいです。

天使《てんし》ねこマルオの旅立《たびだ》ち

抗《こう》てんかん薬《やく》が効《き》き、マルオのてんかん発作《ほっさ》はへりました。発作がおきていないときは、タビオとじゃれあって遊《あそ》んだり、おたがいに毛づくろいしあったり、まったくいつもと変《か》わらない生活ができました。

でも、発作《ほっさ》の回数がへって、ほっと胸《むね》をなでおろしたのもつかのま。今度《こんど》はねこぜんそくになったり、尿道《にょうどう》に結晶《けっしょう》がつまっておしっこがでなくなる「尿路結石《にょうろけっせき》」という病気《びょうき》が悪化《あっか》して手術《しゅじゅつ》を受《う》けたりと、どんどん病気の数がふえていきました。

何度《なんど》も入退院《にゅうたいいん》をくりかえしていても、マルオは家では相変《あいか》わらず、すっかりあおむけになり、高々《たかだか》と両手《りょうて》を上げて寝《ね》ます（わが家ではそのポーズを「盆《ぼん》おどり」とよんでいました）。

「マルちゃん、また盆おどりしてる。なんでいつもそんなかっこうで寝るの〜」

どんなにいそがしくてストレスがたまっていても、このむじゃきな寝姿《ねすがた》を見ると、思わず笑《わら》ってしまいます。そして、いつのまにかイライラが消《き》えてしまいます。天使《てんし》のように人の心を浄化《じょうか》してくれる、そんな力がマルオにはありました。

二〇一九年六月、マルオの闘病《とうびょう》に終《お》わりがおとずれました。マルオはわたしが地方に出張《しゅっちょう》して留守《るす》のときに、てんかん発作《ほっさ》をおこして死《し》んでしまったのです。

わたしが帰宅《きたく》すると、えり子さんがマルオをバスタオルの上に寝《ね》かせてくれていました。マルオの表情《ひょうじょう》はとても安《やす》らかで、まるでねむっているように見えました。かかりつけの高石動物病院《たかいしどうぶつびょういん》に報告《ほうこく》すると、発作をおこしたときに大量《たいりょう》のだ液《えき》がでて、それがのどにつまったのではないかとのこと。

「発作をおこしているときは意識《いしき》がありませんから、マルちゃんは苦《くる》しくはなかったはずですよ」

それを聞いて少しほっとしましたが、マルオの死に目に会えなかったことが心《こころ》残《のこ》りでなりません。カリンのときも、福《ふく》ちゃんのときも、最期《さいご》を看《み》とることができたのに、今回はできなかった……。

その後何日かして、落《お》ちこんでいるわたしにだれかが言いました。

「いちばんかわいがってくれた人がいないときを見はからって、旅立《たびだ》つねこもいるそうですよ」

だれの言葉《ことば》だったか思いだせないのですが、それを聞いて、救《すく》われる気がしました。マルオは最後《さいご》の発作《ほっさ》をわたしに見せたくなかったのかもしれません。あおむけで寝《ね》ている、あの無垢《むく》な姿《すがた》だけを覚《おぼ》えていてほしくて。

わたしがいないときに逝《い》ったのは、もしかしたら、マルオからの最後の贈《おく》りものだったのかもしれない――。もちろん人間の勝手《かって》な想像《そうぞう》にすぎないのですが、今はそんな気がしています。

第6章

小さな野生動物《どうぶつ》、タビオ

沖縄《おきなわ》からきたタビオ

「この子は、はるばる沖縄からきたんです。生後6か月ぐらいです」

マルオの遊《あそ》び相手《あいて》をさがして、またたび家《け》のシェルターにでかけたとき、塩沢《しおざわ》さんがこうタビオを紹介《しょうかい》してくれました。動物愛護管理《どうぶつあいごかんり》センターでいよいよ明日《あした》殺処分《さつしょぶん》になるというとき、たまたまセンターに立ちよった人に引きとられ、はるばる埼玉《さいたま》のまたたび家に連《つ》れてこられたのだそうです。

タビオのお母さんはどんなねこだったのか、どうしてすてられたのか、過去《かこ》のことはなにもわかりません。わかっているのは、タビオはとても元気がよく、活発《かっぱつ》で、人にもなれている子ねこだったということ。

「だれとでもなかよくできる子なので、マルちゃんともなかよくできると思いま

すよ。人間のことも大好《だいす》きだし」と、塩沢《しおざわ》さん。

たしかに、タビオはとても人なつっこくて、人さし指《ゆび》を顔の前にだすねこ式《しき》あいさつをすると、喜《よろこ》んで指に顔をこすりつけてきます。初対面《しょたいめん》なのに、すぐだっこもさせてくれて、なでるとゴロゴロ言って喜《よろこ》びます。

「一度《いちど》は人間にすてられたはずなのに、この子はまだ人間が好きなんだ。なんていじらしい子なんだろう」

なにより重要《じゅうよう》なのは、マルオとなかよくなれるのかということです。人間は好きでもほかのねこはいや、という子もいれば、人間はこわいけど、ねこならだいじょうぶ、という子もいます。「ねこも人も大好き」と塩沢さんが言うタビオは理《り》想的《そうてき》な友だち候補《こうほ》かも……。

一度対面《たいめん》しただけでは、そのねこの性格《せいかく》やくせまではなかなかわかりません。でも、またたび家《け》のような保護《ほご》ねこシェルターでは、ふだんねこたちのお世話《せわ》をしているスタッフがよく観察《かんさつ》しているので、そのねこがどんなことが好《す》きで、どんなことが苦手《にがて》なのかなど、大事《だいじ》な情報《じょうほう》をたくさん教えてもらえるのです。

「この子でトライアルさせてください」

わたしたちはタビオにかけてみることにしました。

真菌《しんきん》とのバトル

「じつは、今日になって、真菌に感染《かんせん》しているのを発見《はっけん》したんです……」

一週間後、タビオを連《つ》れてきてくれた塩沢《しおざわ》さんが、申《もう》しわけなさそうに言いました。彼女《かのじょ》が指《ゆび》さすタビオの右耳を見ると、つけ根《ね》のあたりが赤くなり、少しハゲています。またたび家《け》では、すぐに抗真菌薬《こうしんきんやく》の軟《なん》こうをぬり、真菌に効果《こうか》がある薬用《やくよう》のシャンプーもしたとのことですが……。

塩沢《しおざわ》さんはこまった顔で聞きました。

「当分マルちゃんといっしょにすることはできないと思いますが、どうされますか？　治《なお》ってからまた連《つ》れてきましょうか？　それとも……？」

じつはこのときわたしは、真菌《しんきん》のことがよくわかっていませんでした。それで、あまり深《ふか》く考えず、「このままお預《あず》かりしますよ」と返事《へんじ》したのです。念《ねん》のため、マルオにうつらないよう、タビオはわたしの仕事部屋《しごとべや》に入れておくことにしました。

ところが、その後インターネットで調《しら》べてみると、アメリカで姫《ひめ》とてふてふをむかえたときに経験《けいけん》したあのリングワームは、真菌によって引きおこされる病気《びょうき》だったことがわかりました。「リングワーム」という病名だけしか覚《おぼ》えていなかったので、「真菌」とすぐには結《むす》びつかなかったのです。ものすごく感染力《かんせんりょく》が強く、人にもうつるうえ、なんと二年近くも生きるしぶとい菌だとわかり、わたしは青くなりました。

とりあえず、かかりつけの高石動物病院《たかいしどうぶつびょういん》にタビオを連《つ》れていくと、先生は落《お》ちついた声で言います。

「左の耳にも広がってますね。でも、わたしたちの経験《けいけん》では、これから全身《ぜんしん》に広がるとか、そんなにこじれたことはないんですよね」

先生から指示《しじ》された真菌症《しんきんしょう》の治療方針《ちりょうほうしん》は、一日二回、タビオの耳に軟《なん》こうをぬり、週二回薬用《やくよう》シャンプーを全身の毛にすりこむこと。一週間後からは薬《くすり》も飲《の》ませはじめること。そして、部屋《へや》を徹底的《てっていてき》にそうじし、除菌《じょきん》すること。

手強《てごわ》い真菌を取《と》りのぞくためには、何週間ものあいだ、毎日そうじ機《き》をかけ、うすめた漂白剤《ひょうはくざい》で床《ゆか》や家具《かぐ》をふき、タビオの毛がついたいすのカバーやタオル類《るい》を洗濯《せんたく》し続《つづ》けなければなりません。

考えただけで、頭がくらくらしてきます。しかも、わたしはこのとき、ぎっくり腰《ごし》が治《なお》りきっていませんでした。

でも、タビオはだっこするとゴロゴロのどを鳴らし、ぐいぐい頭を腕《うで》にこすりつけてあまえます。はるばる沖縄《おきなわ》の動物愛護管理《どうぶつあいごかんり》センターから埼玉《さいたま》のシェルターに運《はこ》ばれ、そしてまた東京《とうきょう》のわが家に連《つ》れてこられたタビオ。元気いっぱいには見えましたが、ほんとうは環境《かんきょう》が変《か》わるたびに大きな不安《ふあん》やストレスを感《かん》じているにちがいありません。

「もうタビオがどこにも行かなくてもいいように、わが家を終《つい》の住《す》みかにできるようにしよう」

わたしは覚悟《かくご》を決《き》め、がんばってそうじをすることにしました。

先住《せんじゅう》ねことの引きあわせ

真菌退治《しんきんたいじ》も大事《だいじ》ですが、いちばん肝心《かんじん》なのは、先住ねこであるマルオにタビオを受《う》けいれてもらい、トライアルを成功《せいこう》させることです。ねこはとてもなわばり意識《いしき》が強い動物《どうぶつ》なので、新入りねこ（よそもの）が自分のなわばりに入るのをいやがります。タビオがほかのねこたちとなかよくできるということはもうわかっていましたが、問題《もんだい》はマルオのほうでした。

マルオはわが家にきて以来《いらい》、ずっと一人《ひとり》っ子としてくらしています。また、ねこたちの求愛《きゅうあい》の季節《きせつ》に、外ねこたちの「アオー、アオー」という大合唱《だいがっしょう》を聞いただけで、体調《たいちょう》が悪《わる》くなったこともあります。マルオは人間に対《たい》してはとてもおおらかですが、ほかのねこに対しては警戒心《けいかいしん》が強い可能性《かのうせい》もあるので、念《ねん》には念を入れなければなりません。

そこで、アメリカでねこどうしを引きあわせるときにすすめられている方法《ほうほう》を試《ため》してみることにしました。時間と手間はかかりますが、ダントツに成功率《りつ》が高いといわれているものです。

ステップ①「におい」で知りあう
ステップ②相手《あいて》のにおいをおやつ（よいもの）とリンクさせる
ステップ③ドアのすきまからほんのちょっとだけ対面《たいめん》させる
ステップ④パーティションごしに対面させる
ステップ⑤同じ部屋《へや》で対面させる

最初《さいしょ》のステップ①は、いきなり対面させず、まずは「におい」で知りあうこと。

ねこたちが使《つか》っている毛布《もうふ》を交換《こうかん》したりするといいのですが、真菌《しんきん》がうつるところので、タビオ、マルオそれぞれのほおの部分《ぶぶん》（においをだす腺《せん》がある）をソックスでこすってにおいをつけ、それを相手にかがせるようにしました。

マルオがどう反応《はんのう》するか心配《しんぱい》でしたが、ソックスに向《む》かって「シャー」となったり、毛をさか立てたりすることもなく、興味《きょうみ》しんしん、といった様子《ようす》でにおいをかいでいます。ちょっとほっとします。

タビオがきてから**五日目**。つぎは**ステップ②**です。タビオがいるわたしの仕事《しごと》部屋《べや》のドアの前で、マルオに好物《こうぶつ》のおやつをあげます。

「わーい、おやつだ！」

ドアの向《む》こうにいるタビオを、マルオは全然気《ぜんぜんき》にせず、喜《よろこ》んでおやつを食べます。タビオのにおいとおやつがリンクしたようです。これも成功《せいこう》！

七日目、ステップ③にうつることに。仕事部屋のドアを三センチほど開《あ》けて、二ひきを五秒《びょう》ほど対面《たいめん》させ、またすぐおやつをあげます。

おお、どちらも攻撃的《こうげきてき》なそぶりはまったく見せません！　**ステップ③**も成功。その後もドアのちょい開け&おやつを、少しずつ時間をのばして毎日続《つづ》けます。

十七日目、ステップ④では、ついにパーティションごしに対面！

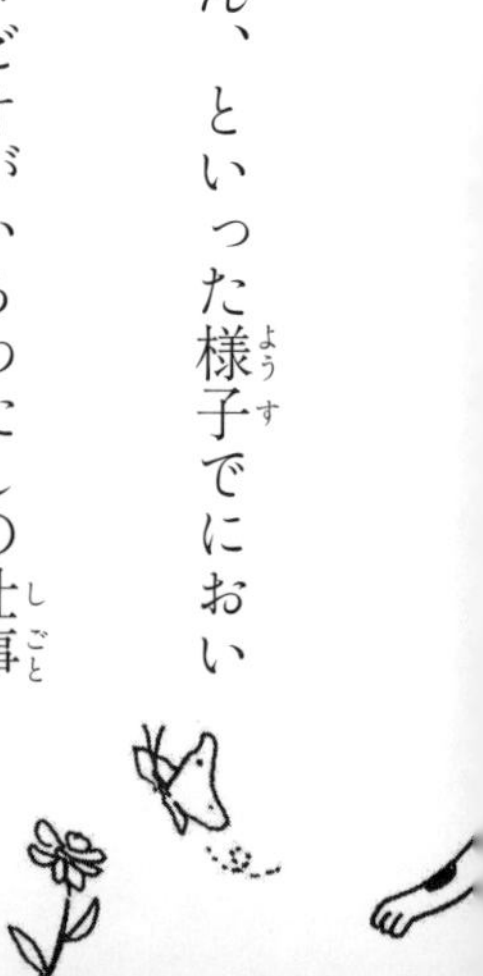

マルオもタビオもパーティションのすきまから前脚《まえあし》をだし、おたがいちょいちょいつつきあうではありませんか。まるで「早くいっしょに遊《あそ》ぼうよ」と言っているみたいです。

ここまでくれば、しめたもの。あとはタビオの真菌症《しんきんしょう》が治《なお》るのを待《ま》つばかりです。

二十一日目。ようやく獣医《じゅうい》さんから、もう二ひきを引きあわせてもいいとのお許《ゆる》しがでました。タビオを仕事部屋《しごとべや》からだし、マルオのいるリビングに連《つ》れていくと（**ステップ⑤**）、二ひきはさっそくいっしょに遊びはじめます。追《お》いかけっこしたり、取《と》っ組《く》みあいをしたり、まるでずっと前からの友だちのように。

そして、なんと三日後には、二ひきはねこベッドでだきあってねむり、おたがいをなめて毛づくろいをはじめたのです。

「まさかこんなにうまくいくとは……。これって、真菌のおかげかも」

そうなのです。やはり時間をかけ、段階《だんかい》をふんで少しずつ引きあわせていったのが正解《せいかい》でした。もしもいきなり「はーい、マルちゃん、お友だちを連《つ》れてきたよ～」なんてタビオと対面《たいめん》させていたら、マルオは自分のなわばりがうばわれると思って攻撃《こうげき》し、けんかになっていたかもしれません。

真菌《しんきん》のおかげで対面《たいめん》まで二十一日もかかりましたが、そのかいあって、無事《ぶじ》トライアル成功《せいこう》。タビオは晴れてわが家の一員《いちいん》になれたのでした。

小さな野生動物《どうぶつ》

タビオはいま七歳《さい》。人間でいうと、もう四十代《だい》半ばぐらいにあたるりっぱなおとなですが、顔が小さく、きゃしゃな体つきなので、まだ子ねこのようなあどけなさを残《のこ》しています。

でも、外見と中身《なかみ》はかなりちがいます。タビオは、じつは、生粋《きっすい》のハンターなのです。いつでも狩《か》りができるよう、家のなかでも獲物《えもの》（といってもアリやゴキブリですが）の足音に耳をすませています。

飼《か》いねこなのですから、おなかがすいたらニャーと鳴けば、いつでも食べ物《もの》がもらえます。でも、そういう楽な生活をしていても、タビオの野生の本能《ほんのう》はそのまま。じーっと空を見つめていたかと思うと、突然《とつぜん》目にもとまらぬ速《はや》さで動《うご》き、飛《と》んでいるハエをパシッとつかまえたりします。

朝起《お》きたら、枕《まくら》もとにヤモリの死骸《しがい》が置《お》いてあったことも。かわいそうに、どこかのすきまからうっかり室内《しつない》に入ってしまったところをハンター・タビオに見つかり、しとめられてしまったのです。

「ありがとう、タビちゃん。気持《きも》ちはうれしいけど、プレゼントはいらないよ」

飼いねこはよく自分の獲物を飼い主《ぬし》にプレゼントしますが、それは親心とか、お礼《れい》の気持ちのあらわれだとかいわれています。でも、こんなプレゼントはこまったものです。

最近《さいきん》も、ハンター・タビオらしいできごとがありました。ある夜、タビオは突《とつ》然《ぜん》耳をピンと立てたかと思うと、部屋《へや》のすみにある洗濯機《せんたくき》のところにダッシュ。そして、しきりに体をちぢめてうしろにまわりこもうとするのです。

「タビちゃん、どうしたの？　なんでそんなところに入りたいの？」

そばによってじっと眼《め》をこらしてみても、わたしにはなにも見えず、なにも聞こえません。さすがのタビオも洗濯機の裏《うら》のスペースはせますぎて入れず、しばらくするとギブアップしましたが、いったいそこにはなにがいたのでしょうか。

しばらくして、その正体《しょうたい》がわかりました。カサコソという音とともにあらわれたのは……

「でた～、巨大《きょだい》ゴキブリ～！」

ゴキブリにとってラッキーなことに、ハンター・タビオはそのときすでに、ほかの部屋《へや》でおねんね中。わたしはタビオが寝《ね》ているすきにゴキブリをつかまえ、外にだしたので、ゴキブリはいのちびろいしました。

ねこの聴力《ちょうりょく》は人間の四〜五倍《ばい》、犬の二倍だそうです。人間には聞こえない高い周波数《しゅうはすう》の超音波《ちょうおんぱ》や、ごくかすかな物音《ものおと》も聞きとることができるといわれています。なんと、芝生《しばふ》の上を歩くアリの足音も聞こえるとか。ねこは暗《くら》がりのなかでも見える眼《め》を持《も》っていますが、さすがに真《ま》っ暗やみで、光がまったくないところでは見えません。野生でくらしていたころ、夜に狩《か》りをして生きぬくためには、うんと鋭《するど》い耳が必要《ひつよう》だったのでしょう。

タビオはピンと耳を立て、いつでも獲物《えもの》に飛《と》びかかれるよう身《み》がまえているこ

とがときどきあります。そんなとき、わたしは「あ、いまどこかでクモが歩いているのかな。それともアリかな」と考えます。人の家のなかには、じつは二十万種《しゅ》もの小さな生きものたちがくらし、一つの生態系《せいたいけい》をつくっているそうです。でも、みんな小さすぎて、人間の目ではほとんど見えません。わたしたちがふだん気づきもしないけれど、ともに生きている小さな同居者《どうきょしゃ》たちの存在《そんざい》を、タビオが教えてくれているような気がするのです。

ねこがわたしたち人間とくらすようになったのは、一万年ほど前といわれています。でも、その間もねこの遺伝子《いでんし》はほとんど変《か》わらず、今も野生のヤマネコとイエネコの遺伝子はほとんど同じだそうです。人間に飼《か》われるようになっても、家のなかだけでくらしていても、野生の本能《ほんのう》を失《うしな》っていない。わたしはそんなねこという動物《どうぶつ》が大好《だいす》きです。タビオがいてくれることで、わたしもまた、野生の世《せ》界《かい》とつながっていられる。そんな気がしています。

祖先《そせん》はリビアヤマネコ

タビオは漢字《かんじ》で書くと「旅男《たびお》」。はるか沖縄《おきなわ》から、飛行機《ひこうき》に乗《の》り、長い旅をしてわが家にきてくれたので、名前に「旅」という字を入れました。それに、タビオの毛柄《けがら》はうすめの茶色の地に黒いしま模様《もよう》が入った「キジトラ」ですが、このような毛柄を英語《えいご》ではタビー（ｔａｂｂｙ）というので、その意味《いみ》もあります。

じつはキジトラは、かつて砂漠《さばく》にすんでいたイエネコの祖先《そせん》、リビアヤマネコの毛の柄。キジトラは砂漠で身《み》をかくすのにぴったりな保護色《ほごしょく》で、ねこ本来の色なのです。

ねこは毛柄によって性格《せいかく》がちがうといわれますが、キジトラの特徴《とくちょう》は警戒心《けいかいしん》が強く、野性的《やせいてき》なことだそう。なるほど、野生のリビアヤマネコと同じ毛の柄なのですから、それも当然《とうぜん》かもしれません。

タビオも知らない人に対《たい》してはかなり警戒心《けいかいしん》が強いので、お客《きゃく》さんが苦手《にがて》です。

「ピンポーン」という玄関《げんかん》のよび鈴《りん》の音がしただけで、さっとどこかにかくれてしまうので、タビオに会えるのを期待《きたい》していたお客さんはがっかり。そこで、わたしがいつもお客さんに言うのは、

「じっと静《しず》かにすわっていれば、そのうちでてきますから。それまで楽しみに待《ま》っててくださいね」

ねこはみんな、静かで落《お》ちついた人が好《す》きです。タビオも、おだやかな声で会話していると、いつのまにかお客さんの足のにおいをふんふんかぎにきます。

タビオが好きなのは、あまり自分に注目《ちゅうもく》せず、ほうっておいてくれる人。タビオのような警戒心の強いねこにとっては、「わ〜、かわいい〜」とよってくる人より、距離《きょり》を置《お》いてくれる人のほうが安心《あんしん》できるのでしょう。

キジトラは野生に近いだけあって、「ツンデレ」の子が多いといわれています。ツンデレというのは、気が乗《の》らないとツンツンして人をよせつけないけれど、その気になったらデレデレあまえる、という意味《いみ》です。

タビオはというと、朝から晩《ばん》まで、二十四時間ずっとあまえんぼう。朝起《お》きると、さっそくごろんと横《よこ》になっておなかを見せ、「なでて」と要求《ようきゅう》します。三時間以上《いじょう》外出すると、「ニャー！　どこ行ってたんだよぉ！」とおこるけれど、「ごめんね～」とあやまると、「さびしかったんだから～」というように、ぐいぐい頭を足にこすりつける。もちろん寝《ね》るときもいっしょです。

そんなあまえんぼうなのに、その体のなかにはもう一ぴき、野生のねこがいて、野生のリズムで生きている――。その二面性《にめんせい》にひかれます。

タビオはこれからもきっと、わたしをおどろかせたり、感心《かんしん》させたり、ほっこりさせたり、たくさんの喜《よろこ》びをくれるにちがいありません。

おわりに

これまでわたしがいっしょにくらしてきた九ひきの保護《ほご》ねこたちのものがたり、いかがでしたか？　保護ねこっておもしろいなあ、かわいいなあ、と思った人もいれば、保護ねこを引きとるのはちょっとたいへんかも、と感《かん》じた人もいるかもしれませんね。

保護ねこであってもなくても、ねこを飼《か》う人には、そのねこが最後《さいご》まで安心《あんしん》して幸《しあわ》せにくらせるよう世話《せわ》をする責任《せきにん》があります。保護ねこのほうが世話がたいへんかというと、そんなことはありません。たいていの保護ねこはさまざまな種類《しゅるい》が入りまじったミックスなので、遺伝子《いでんし》が多様《たよう》で病気《びょうき》にかかりにくく、じつはとてもじょうぶなのです（日本のねこの長生きランキングの一位《いちい》はミックスねこ）。

おわりに

保護《ほご》ねこならではのチャレンジがあるとすれば、それは、なれてくれるまで少し時間がかかることもある、ということでしょうか。以前《いぜん》につらい思いやこわい思いをしたことのある保護ねこは、なかなかすぐには心を開《ひら》いてくれません。最初《さいしょ》はおびえて、シャーシャー威嚇《いかく》してくるかもしれないし、カリンのように長いことケージからでてこないかもしれません。

でも、そんなねこたちでも、その子のペースを尊重《そんちょう》し、しんぼうづよく待《ま》っていれば、やがて「この人ならだいじょうぶ」と、心を開いてくれる日がきます。しだいに距離《きょり》がちぢまり、そのうち足にスリスリしてくれるようになり、ついにはひざに乗《の》ってあまえてくれるかも！

おびえていた小さな動物《どうぶつ》が、少しずつ変《か》わっていく姿《すがた》を見るうれしさはひとしおです。これは保護ねこだからこそ、味《あじ》わえるよろこび。とても特別《とくべつ》な贈《おく》りものなのです。

いったん心を開いたねこたちは、けっして人をうらぎりません。その人がどんな人かも、ねこたちには関係《かんけい》ありません。どんな家に住《す》んでいようが、どんな外見《がいけん》であろうが、その人をありのままに受《う》けいれ、愛《あい》してくれます。

わたしたち人間とねことは言葉《ことば》も通《つう》じないし、体のつくりも、習性《しゅうせい》も、おたがいにまったく異《こと》なる、別《べつ》の種《しゅ》の動物《どうぶつ》です。なのに、こうして心を通《かよ》わせ、きずなを結《むす》ぶことができる――。それってすごいことだと思いませんか？　わたしはねことくらしはじめてから三十年になりますが、今でもこの感動《かんどう》は色あせることがありません。

長年《ながねん》人間とくらしていても野生を失《うしな》っていないねこたちは、わたしたち人間にとっていちばん身近《みぢか》な自然《しぜん》です。ふだんはどんなに自然から遠くはなれて生活していても、ねことの交流《こうりゅう》をとおして、わたしたちは、自分も自然界《かい》の一員《いちいん》だと感《かん》じることができます。

ただ、ねこは今も強い狩猟本能《しゅりょうほんのう》を持《も》っているだけに、ねことくらす人たちは、ほかの動物たちのことも考えなくてはいけません。アメリカでは、外を自由《じゆう》に

おわりに

出歩くねこ（のらねこと放《はな》し飼《が》いにされている飼《か》いねこ）が、小鳥や小動物《しょうどうぶつ》、昆《こん》虫《ちゅう》などをおそって殺《ころ》すことが大きな問題《もんだい》になっています。みなさんも想像《そうぞう》がつくと思いますが、ねこはどこにでもいる、とても数が多い動物です。そんなねこたちが自由に狩《か》りをしたら、殺される動物の数は膨大《ぼうだい》になり、生態系《せいたいけい》のバランスがくずれてしまいます。ヒューメイン・ソサエティからクリやユメを引きとったとき、「ぜったいに放し飼いにしない」という同意書《どういしょ》にサインしなければならなかったのはそのためです。

日本でも、保護《ほご》ねこの団体《だんたい》はどこもねこの放し飼いを禁止《きんし》しています。そのおもな理由《りゆう》は、交通事故《こうつうじこ》、ＦｅＬＶ《エフイーエルヴィ》などの感染症《かんせんしょう》、ほかのねことのなわばりあらそい、虐待《ぎゃくたい》する人間など、外はねこにとって危険《きけん》がいっぱいだからですが、ほかの生きものたちのためでもあることも覚《おぼ》えておいてほしいと思います。

わたしがこれまでいっしょにくらした保護ねこたちのうち、タビオをのぞく八ひきはすでに亡《な》くなりました。ねこたちと出会い、いっしょにくらした日々《ひび》のことを書くことは、別《わか》れについて書くことでもありました。でも、ここまで読んでくださったみなさんはもう気づいているでしょう。別れがあったから、つぎの出会いがあったのだということに。

姫《ひめ》とてふてふを亡《な》くしたあと、わたしも一時は「こんな悲《かな》しい思いはもうしたくない。もう動物《どうぶつ》を飼《か》うのはやめよう」と思ったことがありました。でも、「ほかのねこたちにも、愛《あい》を分けてあげたらどうかな」というベイルス先生の言葉《ことば》がずっと心にあったおかげで、だれかが亡くなったら、また新たないのちをむかえる、というふうに、とぎれることなく続《つづ》けてきたのです。

「いのちの大切さ」とよく言われます。いのちの大切さって、なんでしょう。わたしは、いのちの大切さは、もろさやはかなさとイコールだと思っています。もろくてはかないからこそ、いつか消《き》えてなくなるものだからこそ、いま「ある」ことがこんなにも大切なのです。そんな大切ないのちをわたしに託《たく》してくれたねこたち。保護《ほご》ねこたちとすごしたかけがえのない時間を思うたび、心から「ありがとう」の気持《きも》ちでいっぱいになります。

いつかタビオと別《わか》れる日がきても、わたしはきっとまた保護《ほご》ねことくらすでしょう。そうしていのちのバトンをつないでいきたいと思っています。

著者紹介

大塚敦子 おおつかあつこ

上智大学文学部英文学科卒業。

パレスチナ民衆蜂起、湾岸戦争など世界各地の紛争取材を経て、困難を抱えた人を支える自然や動物との絆などについて執筆。

写真絵本『さよなら エルマおばあさん』(小学館)で、2001年講談社出版文化賞絵本賞、小学館児童出版文化賞受賞。『平和の種をまく ボスニアの少女エミナ』(岩崎書店)は2007年度青少年読書感想文コンクール小学校高学年の部の課題図書。『犬が来る病院 命に向き合う子どもたちが教えてくれたこと』(角川書店)は2017年度青少年読書感想文コンクール高校生の部の課題図書。

『ギヴ・ミー・ア・チャンス 犬と少年の再出発』(講談社)、『〈刑務所〉で盲導犬を育てる』(岩波ジュニア新書)、『動物がくれる力 教育、福祉、そして人生』(岩波新書)など著書多数。

挿画 菊池ゆきこ

ポプラ社ノンフィクション 47

保護ねこものがたり

2024年 6月 第1刷発行
2024年11月 第3刷

著 大塚敦子

発行者 加藤裕樹
編 集 小原解子

発行所 株式会社ポプラ社
〒141-8210 東京都品川区西五反田3丁目5番8号JR目黒MARCビル12階
ホームページ www.poplar.co.jp

印 刷 中央精版印刷株式会社
ブックデザイン 楢原直子(ポプラ社デザイン室)

ISBN978-4-591-18207-9 N.D.C.916 143p 20cm Printed in Japan

P4047047